布林线

（珍藏版）

［美］约翰·布林格　著

张　轶　译

地震出版社
Seismological Press

图书在版编目（CIP）数据

布林线：珍藏版/（美）布林格（Bollinger，J.）著；张铁译．—2版．
—北京：地震出版社，2012.5（2022.3重印）
ISBN 978-7-5028-4058-7

Ⅰ.①布…　Ⅱ.①布…　②张…　Ⅲ.①股票交易—基本知识　Ⅳ.①F830.91

中国版本图书馆CIP数据核字（2012）第058231号

Bollinger，John.
Bollinger on Bollinger Bands
ISBN 0－07－137368－3

北京市版权局著作权合同登记号：01—2013—9233
地震版　XM5191

布林线（珍藏版）
［美］约翰·布林格（Bollinger，J.）著
张　铁　译
责任编辑：薛广盈
责任校对：孔景宽

出版发行：地震出版社
北京市海淀区民族大学南路9号　　邮编：100081
发行部：68423031　68467991　　传真：68467991
总编办：68462709　68423029
证券图书事业部：68426052
http：//seismologicalpress.com
E-mail：zqbj68426052@163.com
经销：全国各地新华书店
印刷：北京广达印刷有限公司

版（印）次：2012年5月第一版　2022年3月第11次印刷
开本：787×1092　1/16
字数：275千字
印张：13.25
书号：ISBN 978-7-5028-4058-7/F（4736）
定价：55.00元
（图书出现印装问题，本社负责调换）

序　言

1984 年 6 月，我第一次走进圣塔莫尼卡位于加州海洋公园大道 2525 号的大门。那是金融新闻网的总部，金融新闻网是全国第一个专注于经济、市场和企业新闻的电视网。金融新闻网的总部不怎么样，坐落于破旧不堪的 2 层楼中。这个楼没任何特色。楼房是方形的，破旧的，还很拥挤，里面挤满了几十个员工，有人说他们为了做新闻，每天要工作 12 个小时，工资很少，观众也很少——我 17 年前看见的环境就是这个样子。

我在金融新闻网找了一个初级的工作，没办法啊，因为在当时，斯皮尔伯格和卢卡斯都不知道我在制片人方面已经初露锋芒了。他们当时并不认识我，但我认为自己会成为世界著名的电影导演，可惜没人注意到我是从电影学院毕业的。只有一个高中时的老朋友给我提供了一个工作机会，但我对那个媒体行业一无所知。对我来说，金融新闻网是一个暂时的栖身之处，我在挣工资的同时可以向主流的电视和电影靠拢，总有一天我会发财并出名的。

所以，我在金融新闻网开始工作了，只是自己有所保留而已。当时，我觉得自己的工作内容是极度枯燥的，好在这个学习过程可以帮助我锻炼自己的媒体能力。当时有很多数据（让我头痛）、很多术语、很多从没听说过的东西……我能立刻想到的是羊毛期货和棕榈油市场。但是金融新闻网新闻部的人对所有的品种都感兴趣，这让我感到很有意思。为什么那些毫无意义的东西会让整个房间的人都如此牵挂呢？为什么他们每天都要谈来谈去呢？我开始产生了好奇。

在谈好奇的事之前，让我来介绍一下金融新闻网的工作环境。整栋大楼是方形的，第一层有 3 个大房间。新闻室有 30 英尺×50 英尺，四周有很多桌子，配备了很多 IBM 电脑，还有字幕机，用来输入新闻故事，下面有垃圾桶。编剧和制片人都很年轻，都是20多岁或30出头。高级制片人年纪大些，他们有多年的新闻经验……他们来自出版和广播行业，是记者，他们多次尝试进军新的新闻报道业，大多都失败了。

新闻室的旁边有两间房。助理制片人和编剧在其中一间从所有的录像带中找到需要在当天播出的新闻。另外一间则是做直播用的，约翰·布林格就是在其中一间做直播的。约翰和后来的埃德·哈特做了很多市场评论。埃德·哈特是老新闻工作者，头发斑白。埃德在为金融新闻网工作的同时，他还为KFWB做每日商业新闻报道，KFWB是洛杉矶的一家电台，它全天报道新闻，它的最大竞争对手是当地的KNX。

埃德脾气不好。他性格活泼，喜欢讲低级笑话，在我的同事中间，他是最好的商业新闻记者。他对经济和市场非常了解。他的记忆力非常强，也很聪明。一般人骗不到他，他喜欢指出别人的智力缺陷。除了航海和舞蹈，他最喜欢的就是商业新闻。

在繁忙的新闻日，几乎每个员工都很忙，当时的总编辑还要走进来找大家帮忙处理文字问题。每个人都在为了上镜头而奋斗，但是无所畏惧的总编由于被繁重的业务所缠绕，他竟然看不出这点来。他大声地问道是否有人知道“空洞的”（张轶注：这个词发音像“6月”）这个词的定义。只有埃德·哈特不厌其烦地回答：“那是7月前的那个月。”埃德说完就走开了。大多情况下，埃德的大脑里有很多重要的事，他还要做到准确、及时和有深度。他都能做到。他的动作比市场还快，而且他总是对的，他总是能得到有用的信息，别人还无法复制。

金融新闻网的其他专业人士则在新闻室的隔壁，约翰·布林格也在那里。他是金融新闻网的市场分析师。约翰负责分析图表，找到有竞争力的模型，并告诉听众，可以通过过去的模型赌未来。约翰的周围摆满了行情报价器、原始的电脑和很多纸张。他还有很多关于技术分析的书，我当时连书名都看不懂。我当时叫他布林格，他很爱吵闹，一旦谈到了市场，他就大喊大叫地讲自己的观点。他的背景很有趣，所以我立刻对他产生了兴趣。他做过多年的摄像师，包括在哥伦比亚广播公司为《60分钟》新闻杂志做兼职。我和他关系还不错，因为我们都喜爱电影，都爱讲故事。但是，他放弃了主流电视媒体的好工作，而去写一些关于波动曲线的东西，也许有些人能理解，我则感到有点吃惊。正如前面所说，我不太明白他的做法，但我开始产生了兴趣。

当我刚到金融新闻网的时候，我对经济、市场或商业是一无所知的。但是在那里待了几个月后，我一边等待机会，一边对别人谈论的内容产生了兴趣。我现在都知道，比尔·格里菲斯和苏·赫瑞拉（当时叫麦克马洪）参与了商业电视的发展过程。埃德·哈特、约翰·布林格和一个高级制片人，其中一个叫道格·克莱顿，他们会在一起高谈阔论，讲当前的事件、商业、市场和经济，我不太明白他们谈论的内容。但是他们喜欢叫我一起谈。所以，我就对商业新闻上瘾了，并一直坚持到今天。

在所有同事中间，我对约翰·布林格最感兴趣。他的激情具有传染性。他拼命地想研究市场和历史，这很鼓舞人。他对信息的渴望是永不知足的，他对细节非常关心，结果他的业绩最好。随着约翰市场知识的增加，他的认知对周围的人也有好处。他消化吸收信息的速度很快，然后给我们解释，我们都感到印象深刻。

对我们这些同事来说，事情越来越明显，他总有一天会对技术分析做出重大的贡献。他从不被华尔街所知的无名小卒成长为一个令人尊敬的市场分析师。伟大的技术派人士，像乔·格兰威尔、罗伯特·法雷尔、爱迪生·高尔德、罗伯特·普瑞切特，当然，还有查尔斯·道，他们都发明了一些技术指标，直到今天人们还在使用。事实上，所有的华尔街经纪公司、基金公司和大的对冲基金公司都会聘用技术分析师。所有的投资者都在一直寻找优势。技术分析是一种优势，它能帮忙找出利润和亏损之间的不同。

正如我所说，对于约翰的同事来说，我们都知道他迟早会成为重要的分析师，并会改变技术分析的方法。他确实做到了。

对市场中的新手而言，《布林线》是一本必读的书。当我们一起在金融新闻网工作的时候，约翰就开始研究技术分析了，他对技术分析做出了重要的贡献。当约翰刚发明布林通道时，我当时还不明白它的重要性。我前面说了，我花了很多年才明白我自己写的主题和约翰所做的贡献，在当时，这些东西对我来说都是神秘的（还好，现在不是这样了。免得你以为我还不懂技术分析）。

和很多伟大的发现一样，布林通道以简单为美。它定义的参数符合市场的波动。它们限定期望值的界限，它们让读者明白市场波动的程度和速度。布林通道曲曲折折，也会被价格打破。一旦布林通道被价格打破，投资者就要明白它透露出的重要信息。从结构上看，它们只是数字。但是，从图形上看，它们给投资者提供了千言万语。

简而言之，布林通道是一种技术工具，所有的投资者、交易者和基金经理都应该理解它并使用它。它和其他技术分析工具一样，对市场分析做出了贡献，应该被人们记住。

美国全国广播公司

资深主播罗恩·因素纳

2001年6月

前 言

我小时候继承了一点儿福哈福公司的股票，这家公司花了很长时间才破产，这是我第一次接触股市。20 世纪 60 年代，我为媒体博物馆做事，这家机构由三兄弟拥有，而他们的父亲是一家高科技公司的承销商，此时我开始了和股市的第二次接触。当时高科技股票都在狂涨，我的上司也动心了。虽然我不了解细节，但我本能地知道有点问题。然后到了 20 世纪 70 年代中期，我妈在熊市持有共同基金亏了钱，我帮她做了一次评估。到了 20 世纪 70 年代末期，原油向“既定的每桶 50 或 100 美元”进军，石油股票都在狂涨，俄克拉荷马州阿纳达科盆地的很多钻探小公司的股票则更疯狂。毋需多说，原油没有涨，反而下跌了，石油股票几乎都崩跌了，很多股票集体消失了。

应该有更好的投资方法。我找这个方法找了很久，也没找到。没办法，最终我决定自己发明这个方法。它叫做理性分析。理性分析结合了技术分析和基本面分析，并使用相对的结构（图 1）。本书关键讲理性分析工具，也就是布林通道，它提供了相对的结构；随后，我会用很大的篇幅来谈理性分析。

定义：

技术分析：研究市场相关的数据，以帮助做投资决定。

基本面分析：研究公司相关的数据，以帮助做投资决定。

理性分析：技术分析和基本面分析的结合之处。

技术派认为价格已经包含了所有有用的信息，因此最有用的信息就是价格本身。基本面派则是根据公司和经济因素评估股票的价值，并和市价对比评估，如果有明显的差异，他们就会行动。简而言之，技术派认为市场是对的，而基本面派认为他们的分析是对的。

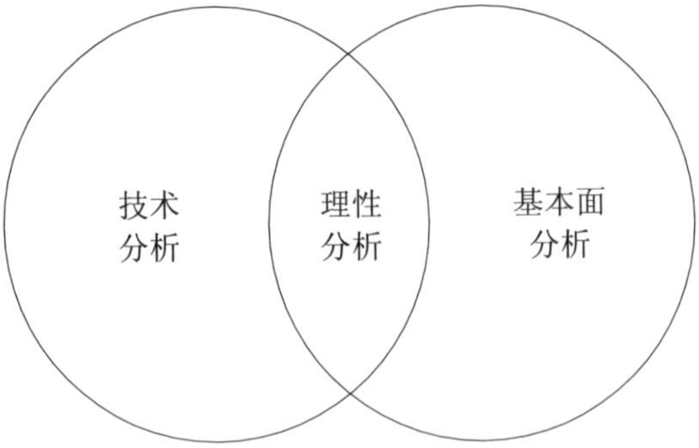

图 1　理性分析

请记住，股票不是公司，公司不是股票，这点很重要。虽然公司和股票之间有关联，但这种关联基本上是心理上的。一般人认为公司的基本面最终决定股价。但我能举出一些相反的例子：下跌的股价能伤害一个公司。如果一个持有股票期权的职员发现公司的股票在狂跌，他会想尽一切办法来弥补自己的亏损。更糟糕的是，如果股价下跌，这样公司可能得不到资金支持而无法生存。不管是哪种情况，使用理性分析的投资者有优势，因为他们既了解股票，也了解公司。

最终，结合使用技术分析和基本面分析才能实现投资成功。只有创造了这样的氛围，投资者或交易者才能做出理性的决定，才能控制好情绪。

情绪是投资者最大的敌人。你是否有这些经历，在恐慌时卖出，在顶部买入，害怕在熊市被套，或担心错过了大牛市？理性分析给你提供一个合理的基础，你可以以此做出完整的决定，以避免掉入这些陷阱。所以，不要盲从大众，不要贪婪，不要恐惧，不要总是犯同样的错误，你可以做一名独立的投资者，根据自己的最佳决定行动。

最后，为了采用正确的决定，我要下一个定义：布林通道就是图表上价格附近的通道（图 2）。它们的目的是为了定义相对的最高价和最低价，上通道附近的价格就是最高价，下通道附近的价格就是最低价。布林通道的基础就是均线，它描述了中期趋势（表 1）。这条均线就是中通道，它的默认参数是 20 天。通道的宽度是用一个叫做标准偏差的衡量波动性的方法来决定的。计算波动性的数据和计算均线的数据是一样的。上通道和下通道就是在均线的上下默认的两个标准偏差的距离画的线。

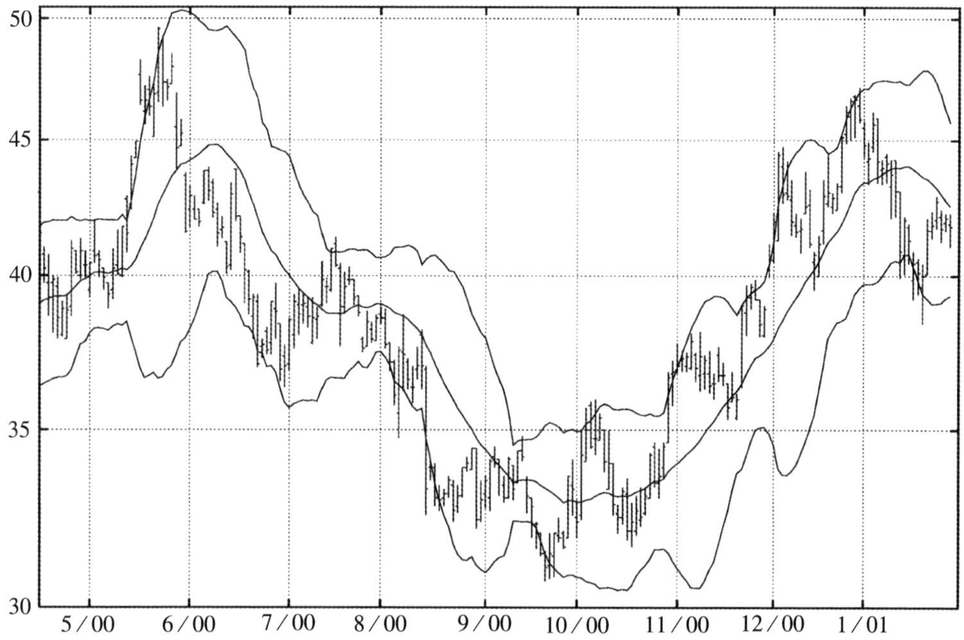

图 2　布林通道

迪尔公司，200 天

表 1　标准布林通道公式

上通道＝中通道＋两个标准偏差
中通道＝参数为 20 的均线
下通道＝中通道－两个标准偏差

现在我们知道了什么是布林通道，下面让我们学习如何使用它。

约翰·布林格

谢 辞

不管我做什么，都有人在支持我。

首先感谢我的父母——我爸告诉我数学是有趣的，他教我如何运用数学；我妈对我有信心，让我放手去做。

感谢我的妻子朵莉，如果没有她，就没有现在的一切。感谢我的女儿佐伊，有了她，太阳每天都不会下山。

感谢乔恩·拉特纳，我认识他的时候，他是AG贝克证券公司的经纪人，现在则是我的好朋友。他帮我做了很多事，最重要的就是把我介绍给查尔斯·斯佩斯和荷利·亨德里克斯，我在他们的公司对交易有了新的认识。后来，他又说服他的经理给我一台报价机和一张桌子，让我开始了自己的交易。

感谢艾尔·布莱恩，他是金融新闻网董事会主席，他既相信我，也相信电脑技术分析。

感谢马克·蔡金、史蒂夫·索尔德、唐·沃登和吉姆·亚志，在我最渴望学习的时候，他们教了我概念和技术。还要感谢亚瑟·美林，他替我设置了非常高的标准。

本书测试时所使用的数据由布瑞奇公司提供，网址是 http：//www. bridge. com。大部分测试是用 excel 做的。本书中的图表都是用 gnuplot 创造的，这是一个科学画图软件。我通过布瑞奇公司的 DDE 接口得到数据，再用微软的 BASIC 语言导入到 excel 中，用 gnuplot 画图。

源代码开放式软件是电脑界的优势，我非常感谢很多程序员，他们无私地开发了很多优秀的操作系统，比如 Linux 和 gnuplot。如果想更多地了解 gnuplot，你可以访问网站 http：//www. gnuplot. org。你也可以到 http：//www. open. source. org 研究更多的开源软件。或者到 http：//www. isf. org 了解自由软件，那里会介绍很多自由软件的动态。

目　　录

序言 …… 1
前言 …… 1
谢辞 …… 4

第一部分　开　篇

第一章　介绍 …… 3
第二章　基本数据 …… 8
第三章　时间框架 …… 18
第四章　关于长期有效的建议 …… 24
第五章　自己做主 …… 27

第二部分　基础知识

第六章　通道的历史知识 …… 33
第七章　布林通道的结构 …… 47
第八章　布林通道指标 …… 55
第九章　统计原则 …… 63

第三部分 布林通道和模式识别

第十章 模式识别 …… 71
第十一章 5点模式 …… 77
第十二章 W底 …… 89
第十三章 M顶 …… 97
第十四章 价格沿着通道上涨或下跌 …… 103
第十五章 收缩现象 …… 109
第十六章 波动性突破系统 …… 115

第四部分 布林通道和指标

第十七章 布林通道和指标 …… 125
第十八章 成交量指标 …… 135
第十九章 趋势跟踪 …… 143
第二十章 反转 …… 148

第五部分 引申话题

第二十一章 指标的标准化 …… 155
第二十二章 日内交易 …… 161

第六部分 总 结

第二十三章 布林通道的15条基本规则 ………… 167
第二十四章 总结 ………… 169
尾注 ………… 171

词汇表 ………… 180
参考书目 ………… 195

第一部分

开　篇

核心内容

第一部分介绍布林通道技术分析的基本知识，并使用3种不同的时间框架的重要性，讨论我的工作和在这个市场方法下面的理论基础。

第一章
介 绍

80 多年前，物理学家阿尔伯特·爱因斯坦介绍了相对论。这个理论的核心是，任何东西都是相对存在的。结果就是，没有任何东西是单独存在的——没有绝对的东西。有黑就一定有白；有慢才有快；有低才有高等等。爱因斯坦用他的理论来解释物理学，可惜这么做失去了很多潜在的听众，这些听众本来是有兴趣的。然而，像伯特兰·罗素这样的理论家，他把同样的思想用在了物理学之外。

1925 年，当罗素连载发表《相对论基础知识》时，他认为，一旦人们接受了相对论的思想，他们会改变自己的思维模式：人们会用更抽象的方式做事，并把生硬的法律改成相对的概念。这样的事在科学界已经发生了，但是相对论在传统文化方面还没有引起注意，对人们的思想没什么改变，原因是只有极少数人了解相对论。

在爱因斯坦开始工作的同时，奥利弗·温德尔·霍姆斯作为美国的高级法官，正在推进本国的司法系统走向相对性的方向。他建议法院不能判定绝对的事实。他们可以判断官司的相对情况，即不能做绝对的判断，只能做相对的判断。霍姆斯在他职业生涯的早期说：

法律包含了一个国家几百年的经历，并非是依靠数学公式或推理就能解决问题的。要想了解法律，就要知道它的过去，并知道它的大方向。

爱因斯坦和霍姆斯的努力没有白费。他们关注的焦点表明了社会的趋势。随着 19 世纪的到来，这个世界将变得更加复杂，过去，影响人们的都是绝对的真相，现在，这样的方法不行了，只能用相对的方法来影响人们——市场也是同理。

从本质上说，这些思想是谦逊的。它们认识到了我们的局限性，它们反映了爱因斯坦的思想，并没有反映西方哲学。投资最好方法的目标仅仅是目标而已。也许我们会采用这个方法，但它会躲避我们。实际上，根本没有完美的系统。我们只能在我们力所能及的前提下尽量发挥自己的潜能。

伯纳德·曼德尔布罗特在早期研究混沌理论的时候发现棉花价格行为不是直线形的。后来的研究者也认为金融系统实际上是超级复杂的，因为太复杂，所以预测是很难的，就像天气一样，不好预测。随着系统越来越复杂，传统的线性分析工具失败了，要了解系统则更难了。唯一能帮助了解复杂系统的工具就是相对工具。

本书不会深入地探讨这些问题，更不会去从正反两面去论证。但我们要接受价格不是正态分布的，市场也不是大部分人想象的那样简单。我们要接受这个前提，那就是市场是越来越复杂，越来越难把握的。

很多人看见了这样的建议：要想赚钱，你必须低买高卖——或高卖低买。随着市场越来越波动，模式越来越复杂，交易则越来越难。芝加哥交易场内是全世界期货合约交易最活跃的地方，这里有一个神话，它说是上帝在控制着交易场。上帝有两个原则：原则一，你可以在底部买入—— 一生一次。原则二，你可以在顶部卖出——同理，一生一次。当然了，你也可以反着做。

本书的目的就是帮助你避免一些投资者常遇到的陷阱，比如投资者在低点买入了，结果眼睁睁地看着股票继续下跌；或者是投资者在高点卖出了，结果眼睁睁地看着股票继续上涨。传统的方法带有情绪，现在则用另一种方法来代替，这种方法并不追究绝对的真相，而是用相对的框架来评估价格，用严密的方法做出一连串理性的投资决定。我可以低买高卖，当我这么做的时候，我们要用相对的感觉去做，要尽量避免采用绝对的方式。最高价的定义就是上通道，最低价的定义就是下通道。另外，我还会给出一些建议，帮助你采用适合自己的框架，以迎合你自己的风险回报标准。

第一部分就是以本章开始的，做个介绍。然后是第二章，你将会读到分析所使用的原材料。然后是第三章，你将会学习如何选择合适的时间框架以做分析，如何选择正确的布林通道的均线参数和宽度参数。第四章从更深的层次看待长期有效的建议这个方法和寻找最佳风险回报机会方法的区别。第一部分会揭露结果，在第五章，会谈论如何成功实施你所学到的思想。

第二部分谈论布林通道的技术细节。从第六章开始，谈论交易通道的历史（在第二十章，第四部分，我会讨论建立在交易通道基础上的最古老的交易系统）。第七章讨论布林通道的结构。第八章讨论布林通道分离出来的指标%b，它是一种数学方法，以衡量价格高了，还是低了，还能衡量波动性。第二部分用第九章结束，第九章讨论波动循环，观察一些学院派思想，这些思想是支持布林通道概念的，并审查一些统计学问题。

如果你对工具后面的细节不感兴趣，你可以跳过第二部分，直接看第三部分。第三部分讨论如何使用布林通道。第三部分和第四部分建立在第一部分和第二部分的基础上，你可以单独阅读这些部分。

第三部分解释如何使用布林通道。从第十章开始，第十章和第十一章讨论模式识别，并介绍亚瑟·美林的M和W模式。第十二章讨论W模式的用法，第十三章讨论M模式的用法。第十四章讨论最复杂的“价格沿着通道上涨或下跌”。后面有两章讨论波动性。第十五章描述收缩——用股票和债券市场的例子来说明。第十六章提供3个简单的方法，以说明如何有效地使用布林通道，还有根据收缩发明的波动突破系统。

第四部分增加一些分析指标。它聚焦于连接通道和指标，以做出理性的交易决定。第十七章讨论指标和通道。第十八章讨论成交量指标，包括最适合布林通道的成交量指标。在第十九章和第二十章，我们专注于两个使用%b和成交量指标的系统，它们结合了价格波动和指标——一个系统跟踪趋势，另一个系统捕捉最高价和最低价。

第五部分聚焦于更高级的话题，比如布林通道的指标标准化

（第二十一章），日内交易的技术（第二十二章），以及谁会很好地使用布林通道。

在第六部分，我通过一些原则来总结使用布林通道的主要问题，再结尾。

第六部分以后是尾注。我还有一些想法，这些想法很重要，为了不打乱章节排列，我把它们放在尾注里面讲。这些尾注很有价值，所以一定要看哦。尾注还包括了前面章节中需要的材料。

第三部分和第四部分讲的 3 个交易方法是可以提前想到的。方法 1 使用低波动预测高波动。方法 2 使用确认的强势预测上涨趋势的开始或使用确认的弱势预测下跌趋势的开始。方法 3 预测两天内的反转：通过上通道附近的价格找到变弱的指标；或通过下通道附近的价格找到变强的指标。更重要的是，方法 3 还能找到布林通道无法确认的指标，这些指标在下通道附近，并伴有正成交量指标，或在上通道附近，并伴有负成交量指标。

再回到关键的一句话——你不能靠它谋生，也不能没有它。很多年前，我刚到金融新闻网做事的时候，当时只懂广播事业，对金融则是一无所知。无论遇到了什么术语，我都要打断对方，让对方解释是什么意思。被问的人说的没错，有时候确实要解释一下术语，但是没有必要每次都要停下来解释，因为不间断对理解总体内容是没有影响。一本书最好有词汇表，所以我也这么做了，如果你遇到了不懂的词，不懂的句子，你可以查词汇表，也许你能找到答案。词汇表还有另外一个目的，很多时候，投资术语的定义都是混乱的。有些术语可能有很多意思，这样容易让人头昏，而我的词汇表则解释了这些术语。

本书结尾是参考书目——这些书都是推荐阅读的，它们的主题和本书接近。我不是叫你死读书，而只是告诉你这些书都可以用来做参考。

最后，我还建了一个网站，叫 http：// www.BollingeronBollingerBands.com，以作为本书的支持。你可以在这个网站找到适合 3 个方法的股票，另外还有一个区域，你可以根据本书的标准来筛选大量股票。网站上还有很多图表，还有论坛，你可以和别人讨论布林通道的知识，也可以链接到我的其他网站。

看完本书以后，你就能拥有自己的一套工具和技术，你就可以评估潜在的投资机会了，也可以进行实战。这个方法能让你消除情绪带来的影响，因此作为一个投资者/交易者，你可以充分挖掘自己的真实潜能。

第二章 基本数据

技术派使用的数据并不多，基本上是价格和成交量。它们是一段时期的数据——当天的最高价、当周的最低价、每小时的成交量等等。典型的数据包括日期（时间）、开盘价、最高价、最低价、收盘价和成交量（表 2.1）。收盘价是最值得考虑的，其次是最高价和最低价，然后是成交量，最后是开盘价。1972 年 6 月，道琼斯把开盘价从《华尔街日报》去除了，目的是扩大列出的股票数量，而且它再也没有把开盘价放回来。所以，有几代人在成长的过程中都不知道开盘价的情况。幸运的是，随着电子数据的产生，开盘价在消失了很长时间以后又可以在美国看到了。

这些基本的数据可以用多种方式组合起来，以形成交易者和投资者常用的图表。

表 2.1 IBM 公司股票的价格记录

日期	开盘价	最高价	最低价	收盘价	成交量
1 月 19 日	107.50	113.9375	107.25	111.25	14762200
1 月 18 日	104.375	110	103.50	108.3125	25244900
1 月 17 日	95.275	97.75	94.73125	96.6875	9727000
1 月 16 日	93.75	94	91.8125	92.75	5671900
1 月 12 日	93.6875	96.4375	92.375	93.8125	6448000
1 月 11 日	92.9375	94.25	91.25	93.6875	9635000
1 月 10 日	92.50	94.9375	91.6875	93.4375	7656100

数据来源：www.yahoo.com。

有 4 种重要的图表：线形图、竹线图、蜡烛图和点数图。其中线形图是最简单的，它描述了价格的波动。西方人也使用竹线图，画图的时候通常没有开盘价或成交量。蜡烛图来自日本，在西方也很快受到了欢迎。点数图描述价格的波动，单纯又简单，也许是最古老的西方画图技术。

任何时段都可以用图表来表示：10 分钟图、60 分钟图、日线图、周线图等等。多年前，基本的图表是日线图、周线图和月线图。到了 80 年代，60 分钟图、日线图和周线图成为主流，现在的趋势则变得更短了，像 5 分钟图这样的短期图都变得越来越流行。

大部分图表都是垂直的，也就是横轴是 x，显示时间；纵轴是 y，显示价格。但并非所有的图都是这样。等量图——是埃德温·S·奎恩发明的，由阿姆斯指数创始人理查德·阿姆斯推广——用 x 轴描述成交量。点数图在 x 轴上描述价格波动。

线形图简单地连接收盘价，这样就把价格的波动展现出来了。如果要看大量的数据，而竹线图和蜡烛图太挤的话，就可以用线形图来展示。线形图也可以用来展现一段时间内的一个点，如图 2.1 所示，比如要展示每天的上涨下跌线，或一天计算一次指数值。

传统的竹线图如图 2.2 所示，包含了很多垂直的线，这些线上，水平向左的短线是开盘价，水平向右的短线是收盘价，向上的最高点是最高价，向下的最低点是最低价。如果要显示成交量，一般把成交量的图放在价格图的下面，用柱状图表示。每条成交量记录了交易时段内所对应上面价格的交易量（通常把成交量的最后两个数字省略了）。

日本蜡烛图重点关注开盘价和收盘价，这和竹线图不同。它是画一个细的垂直的箱体，上下是开盘价和收盘价——这是主体。如果收盘价在开盘价下面，主体就是黑色的；否则主体就是白色的。主体之外的叫引线，分别表示最高价和最低价。如图 2.3 所示。多年来，我一直在使用蜡烛图，我不太喜欢竹线图，对我来说，蜡烛图更清楚。

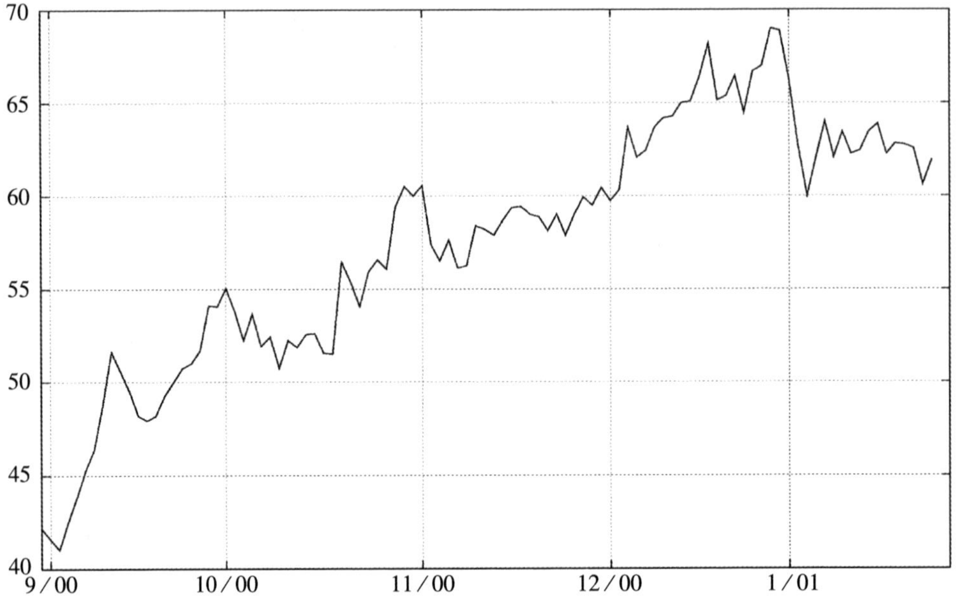

图 2.1 线形图

弗雷迪麦克公司，100 天。请注意本图忽略了细节

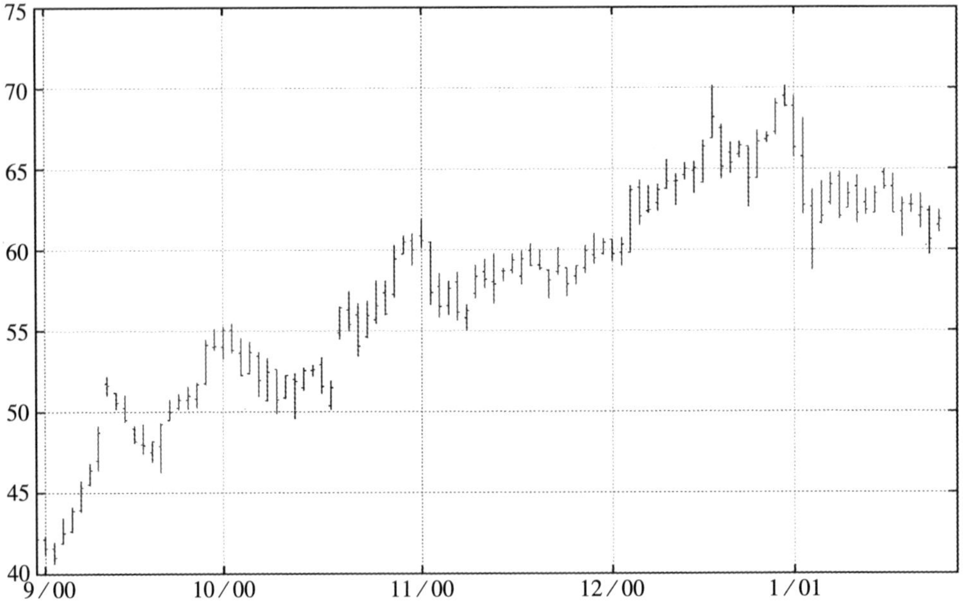

图 2.2 竹线图

弗雷迪麦克公司，100 天。这次看到的波动更具体了

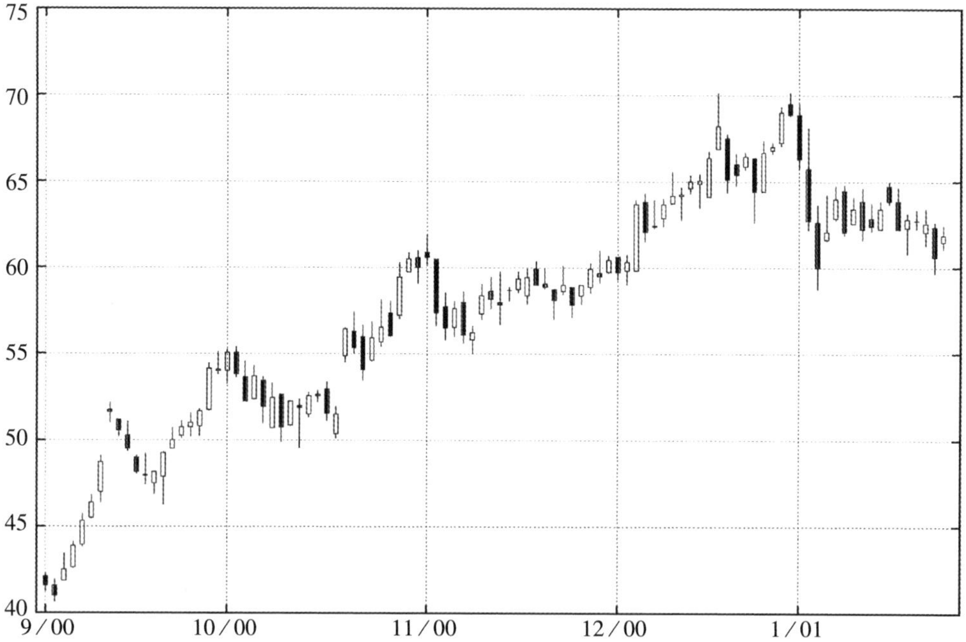

图 2.3 蜡烛图

弗雷迪麦克公司，100 天。这次可以看清楚开盘价和收盘价之间的重要关系

布林竹线图（图 2.4）则是尽量结合了竹线图和蜡烛图的优点。如果收盘价比开盘价低，那么开盘价和收盘价之间的竹线是红色的；如果收盘价比开盘价高，按么开盘价和收盘价之间的竹线是绿色的。其他部分的竹线则是蓝色的。

这样就不必像蜡烛图那样使用上下引线了，突出了开盘价和收盘价的重要关系。你可以到 http：//www.EquityTrader.com 网站去看布林竹线图。

点数图（图 2.5）把价格波动减少到了极致，当价格很强时，它就画上涨的 X，当价格下跌时，它就画下跌的 O（张铁注：作者说是 O，但图中画的明明是小正方形）。点数图没有考虑到时间概念，所有的都是价格的波动，用不同的符号表示而已。我会在第十一章的“5 点模式”给出更多关于点数图的信息。

对于价格轴，有两种度量方法。最常用的是等差度量，也就是说，价格所在的轴上面的刻度距离是等差的，且每个距离代表相同

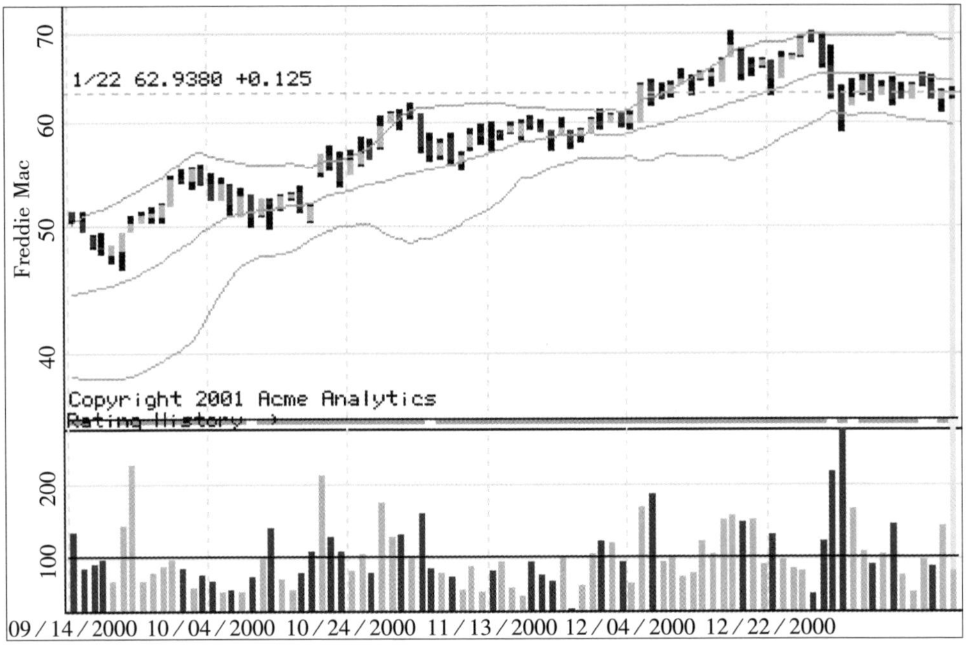

图 2.4 布林竹线图

弗雷迪麦克公司，90 天。这是在蜡烛图的基础上加入了西方的方法

的点数（图 2.6）。更能提供信息的是对数比例度量（图 2.7）。有时候也可以使用半对数比率度量，在价格轴上，一定的间距代表一定的百分比变化，而不是点数变化。因此，同样间距在上面出现拥挤的情况比在下面要多。所以 90 和 91 之间的距离要比 50 和 51 之间的距离小。对数比例度量的好处就是让你的眼睛关注于合适的风险回报，而不必关注价格水平。如果采用等差度量，在 10 美元附近 1 点的波动距离和在 100 美元附近 1 点的波动距离是一样的，而事实上 10 美元的 10%只是 100 美元的 1%。如果采用对数比例，无论是在 10 美元，还是在 100 美元附近，1 点的波动距离是图表刻度的 1/10。因此，无论投资组合的图表看起来如何，无论是赚钱，还是亏钱，它们在视觉上是一样的。所以我强烈推荐采用对数比率度量的方法。

介绍竹线图、蜡烛图、等差度量和对数比率度量的目的，是让你找到适合自己的方法。我强调一下我的选择：大多数情况下，我

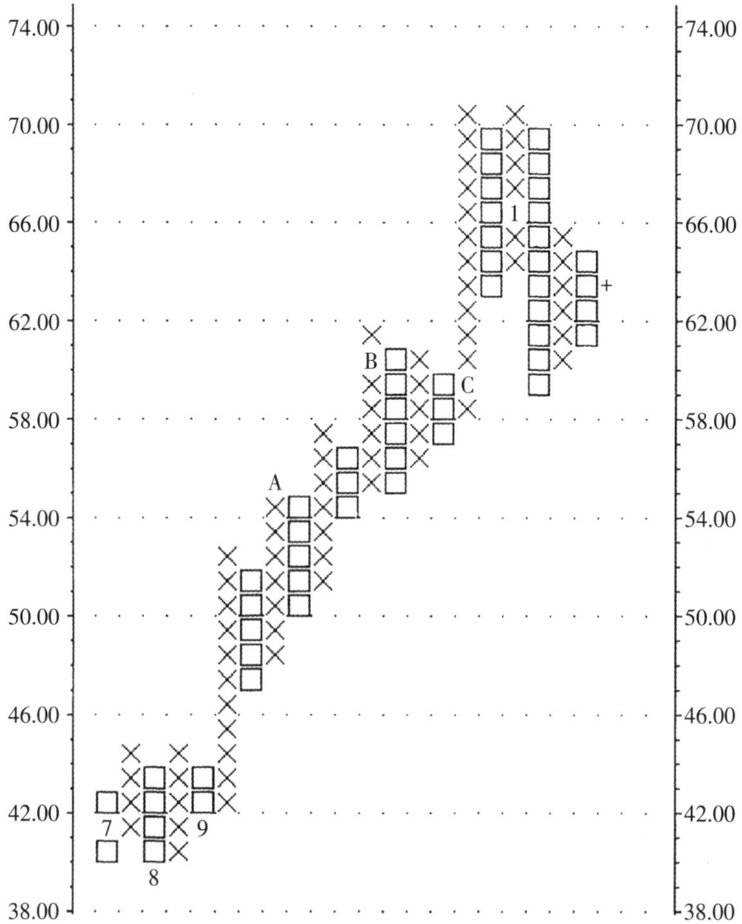

图 2.5　点数图
弗雷迪麦克公司，120 天。纯粹的价格波动

使用对数比例度量和布林竹线图。

通常情况下，成交量放在价格下面的窗口，用柱状图表示——也就是画在横轴以上的线图（图 2.8）。这种形式存在了很多年了，有时候可以加上趋势线或均线以做参考。柱状图还是不错的，你也可以增加一些元素。

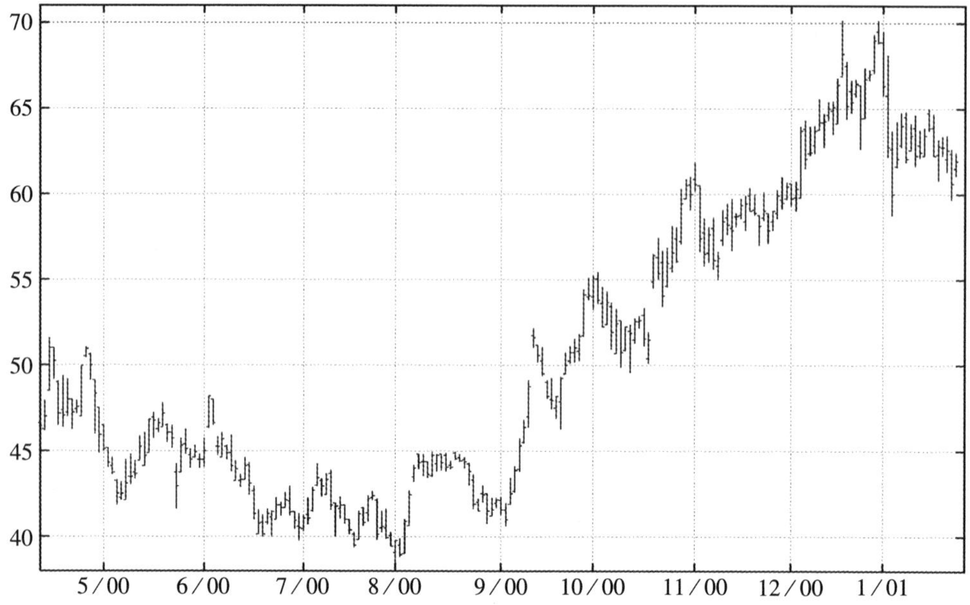

图 2.6　竹线图

等差度量，弗雷迪麦克公司，200 天。无论价格水平如何，图上的 1 点占用相同的距离

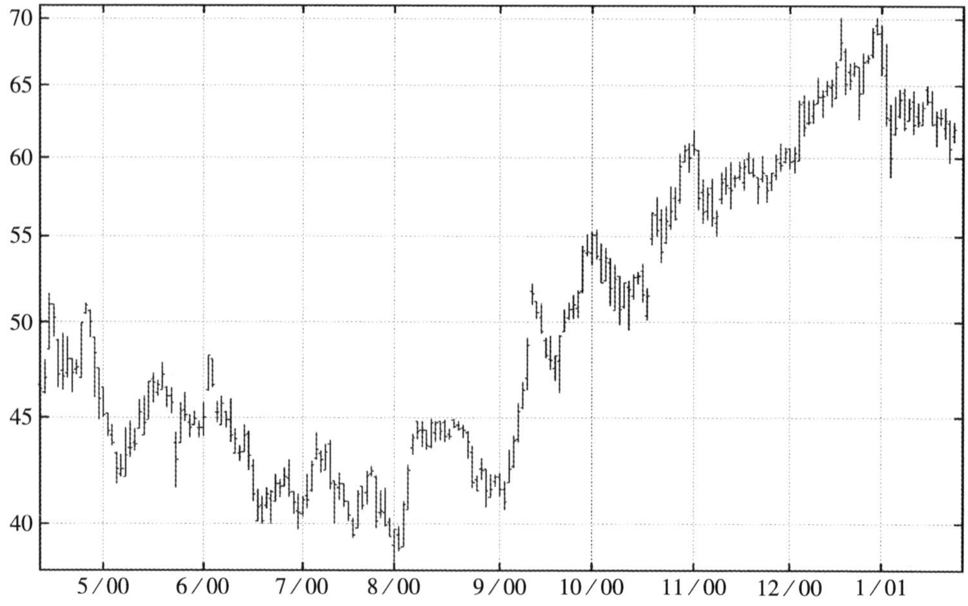

图 2.7　竹线图，对数比例度量

弗雷迪麦克公司，200 天。在图上，相同的距离代表相同的百分比变化

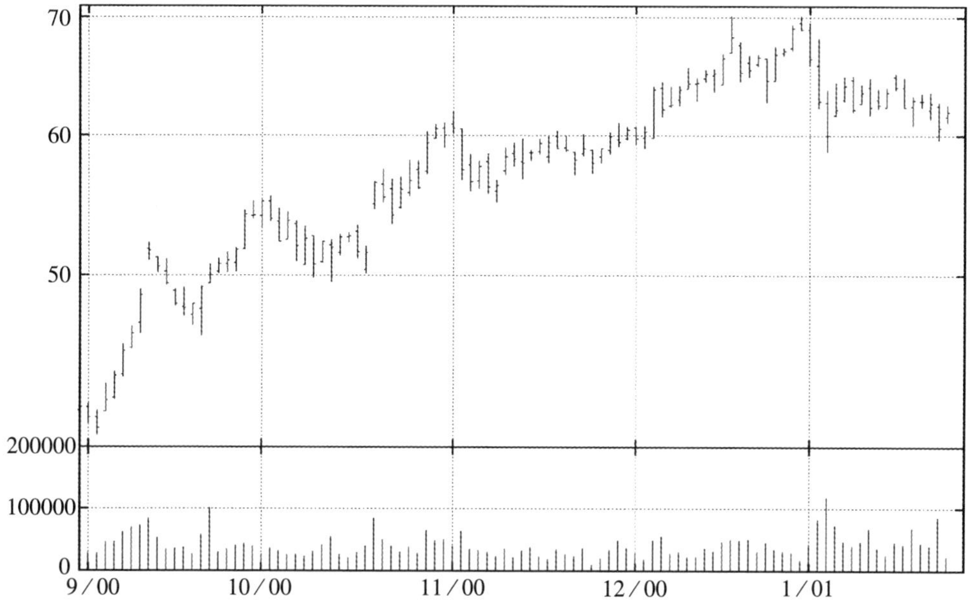

图 2.8 竹线图，成交量
弗雷迪麦克公司，100 天。在下面的窗口采用新的重要的度量方式画出成交量图

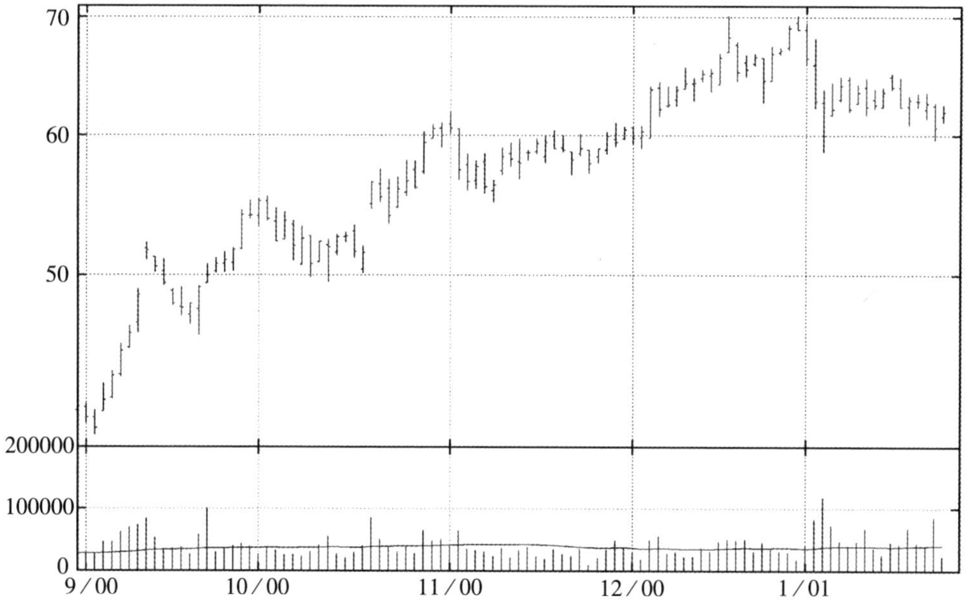

图 2.9 竹线图，成交量和成交量均线
弗雷迪麦克公司，100 天。给成交量加上均线，能定义成交量的高低

首先，使用成交量均线，一般是 50 日均线，能告诉我成交量是高了，还是低了（图 2.9）。在分析 M 和 W 模式的时候，知道成交量的相对最高点或最低点是特别重要的（第三部分会谈论 M 和 W 模式）。比如，W 底中，大部分时间左边的成交量比右边的成交量高。

第二，成交量均线确实能起帮助作用，但是，如果是不同的品种或不同的市场，那如何对比呢？我可以用相对的办法。把成交量除以 50 天均值，再把结果乘以 100，再按照画柱状图的方法画出来，同时画上值为 100 的参考线（图 2.10），这相当于你扯住了均线的尾巴，并把它拉直了。因此，在参考线之上的成交量就大于均线，表示强；在参考线之下的成交量就小于均线，表示弱。

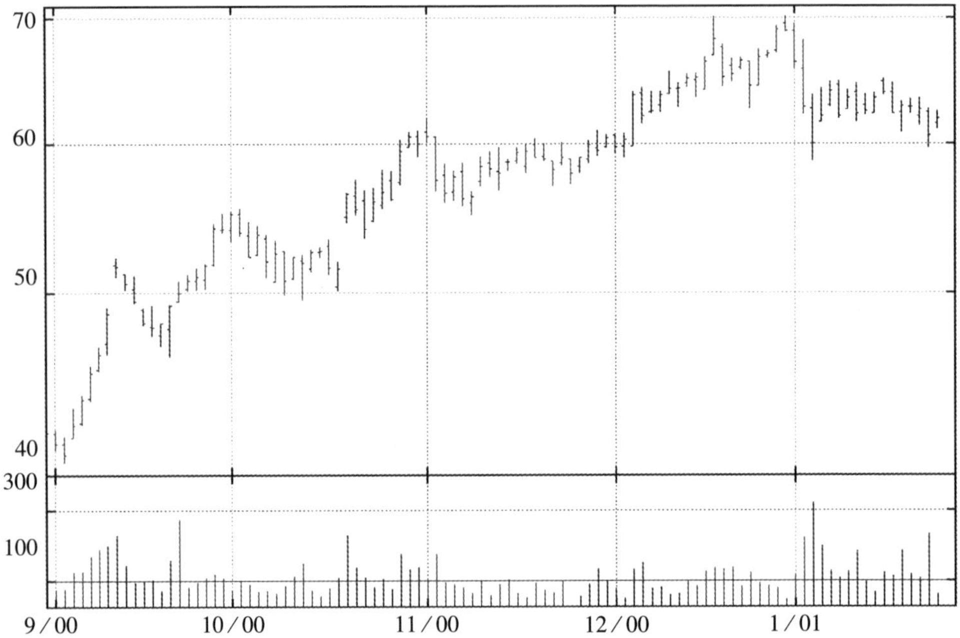

图 2.10　竹线图和标准化之后的成交量

弗雷迪麦克公司，100 天。把成交量除以均值，再做比较

现在你就可以在不同时间段和不同市场之间对比成交量了。这样你就能知道何时成交量加倍了，何时成交量很低，等等。就像布

林通道创造了相对的价格，标准化的成交量则显示了 50 天内相对的成交量。

最后，表 2.2 列出了技术分析所需要的一些数据。虽然它们很重要，但我们不要关注它们，我们现在要关注的是价格、成交量和波动性。

表 2.2 技术分析的补充数据

心理指标	包括情绪指数、期权指标和期货保证金
比较指标	包括和标准普尔对比的相对强弱指标和动量指标
相关市场的数据	能描述相关品种的关系
交易数据	包括买入价、卖出价、每笔交易的成交量和汇率
结构数据	包括工业板块数据和经济类数据
企业规模数据	包括大企业和小企业的数据
内在波动性	
价值评估分类	包括成长型和价值型

要记住的要点

- 基本数据包括开盘价、最高价、最低价、收盘价和成交量
- 不要忽视开盘价
- 4 种图表分别是线形图、竹线图、点数图和蜡烛图
- 布林竹线图结合了竹线图和蜡烛图
- 对数比例度量很重要
- 成交量需要标准化

第三章 时间框架

本书中会谈论 3 个时间框架：短线、中线和长线。这些名词大家都听说过，因交易的品种不同，每个人对它们的理解也不同。但它们传达的心理是相似的。个人投资者会对 3 种方法都产生兴趣，并按照自己的想法去交易。由此，对于某个投资者来说，长线是一年，而另外一个投资者会认为长线就是留隔夜仓。同时，其他投资者定义的短线、中线或长线也不同。

在 20 世纪 70 年代末，短线采用日线图，中线采用周线图，长线采用月线图或季线图。正因为如此，所以需要看的是图表上的竹线，并非图表本身。故根据定义，短线图就是每日竹线图。在 20 世纪 80 年代初期，变化的脚步加快了。股指期货的出现加快了变化的脚步，堪萨斯市交易所还诞生了价值线期货。从此，短线变成了小时图，中线变成了日线图，长线变成了周线图或月线图。在干预的年代，趋势开始变得越来越短，毫无章法。请看表 3.1，它显示了可能的时间框架组合。另外，无论是哪种时间框架，它们内在的概念几乎是一样的。

比如，你用长线的时间框架做分析。你在这个框架下做长远规划和投资计划。对于长线投资者来说，金融政策、财政政策、基金流向、评估数据和管理层环境都很重要。对于短线投资者来说，重要的是 200 天均线的方向或收益率曲线的角度。

你可以用中线的时间框架做安全性分析。你用这个时间框架选择股票和板块。此时做大量的统计分析是重要的。长线投资者会考虑很多市场数据，比如上涨、下跌、新高、新低、板块轮换、相对强的趋势、季度供应和需求因素。短线投资者会观察整固、反转点和板块的突破。

表 3.1 可能的时间框架组合

长线	中线	短线
年	季	周
季	月	
周	月	
周	日	
周	日	
小时	日	
小时	10 分钟	小时
10 分钟	秒	

你可以利用短线的时间框架执行交易。你可以下单，寻找最佳的执行自己策略的机会。场内交易者通常使用短线的时间框架研究技术指标、价格模式、波动变化和交易数据等等。

每个时间框架都有自己的任务，由于投资者不同，他们使用的工具不同，具体任务也不同。要把每个时间框架的任务和特点分开处理，这很重要。执行了交易之后，还继续盯着短线图，这就说明违反了原则！执行了交易后，你的焦点应该放到中线工具上，这些工具才是你维持仓位的理由。只有当你的中线工具和技术告诉你平仓，或兑现利润，或止损，你才能回到短线工具，根据短线工具执行你的决定。

不同的时间框架，需要考虑不同的任务，这让投资者感到很难。它让决策过程变得困惑，迷惑了思想。一旦遇到了要做关键决定的时候，人们常常放弃了纪律，不知道正确地使用工具。也许有些工具看起来像是增加了信息，但这些信息是不可靠的，胡乱的数据信息不能和任务很好地搭配。

从分析的角度来说，这些思想会有重要的冲击。布林通道可以用在任何时间框架。只要有确定的竹线、确定的竹线数量、确定的布林通道宽度参数，那么布林通道就可以使用在任何时间框架。竹线要符合你的中线时间框架，最好的时间框架应该能最好地表述你的中线趋势，布林通道的宽度则应该是均线的功能。对我来说，我使用日线图，参数是 20 天，使用 2 个标准偏差。

请注意上面所用的表述一词。不要去寻找能给出最好的交叉买入和卖出信号的均线。实际上，我需要的均线参数比优化软件选择出来的参数还要大。为什么呢？因为我的信号来自布林通道的上下通道，而不是交叉线。我所选择的均线只是为了建立一个框架，这将方便我有效地评估价格的波动。这个均线的主要功能是定义支撑区和阻力区，而不是提供交叉信号。

确认正确的均线的最佳方法是寻找可以提供回调支撑区的均线，尤其是趋势改变后第一次的回调。比如说市场创造了新低，上涨了 10 天，然后又回调 5 天，随后又开始上涨，并涨的比之前的 10 天还要高，确认了新的上涨趋势。那么正确的均线应该是能指出 5 天回调时的支撑的均线（图 3.1）。如果均线的参数太大，那么它就反应慢，不能定义支撑区，也不能转头向上指出新的趋势（图 3.2）。如果均线的参数太小，那么它会 3 次或多次地穿过价格，也不能给出有用的支撑或趋势信心（图 3.3）。

我在很多年前做过研究，我发现对于大多数金融产品来说，20 日均线是一个很好的起点。布林通道的适应性最初来自波动性，并非来自对均线参数的选择，所以我希望均线的参数能捕捉到中线趋势和波动形态。

如此一来，你不但要确认均线的参数，还要确认布林通道的标准偏差参数。大部分情况下，参数为 20 的均线是不错的，但是有时候这个参数需要改变。标准偏差的参数为 2，这很好，但有时候我们需要找到更好的参数。有些是均线参数，有些是标准偏差参数。表 3.2 显示的是我以前推荐的日线图的参数，很多交易者都成功地使用了它。

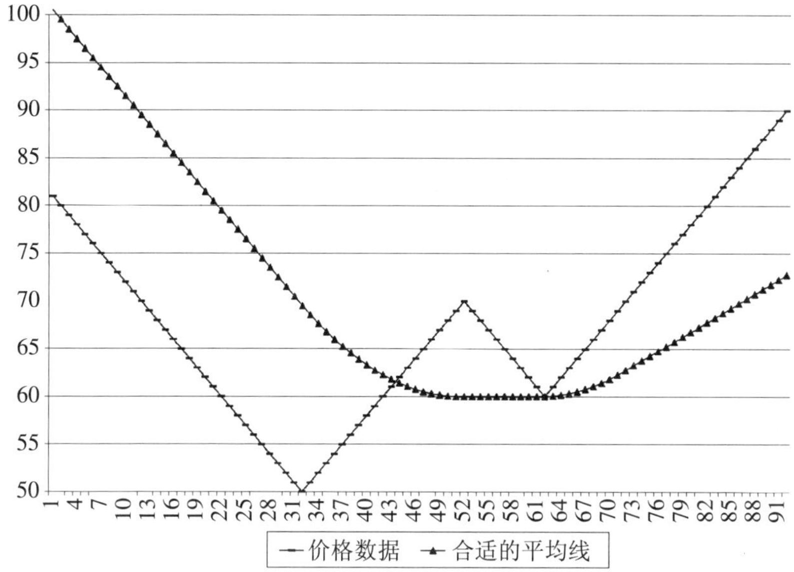

图 3.1 正确的均线

价格创造新低，然后上涨，再回调，正好遇到了均线的支撑

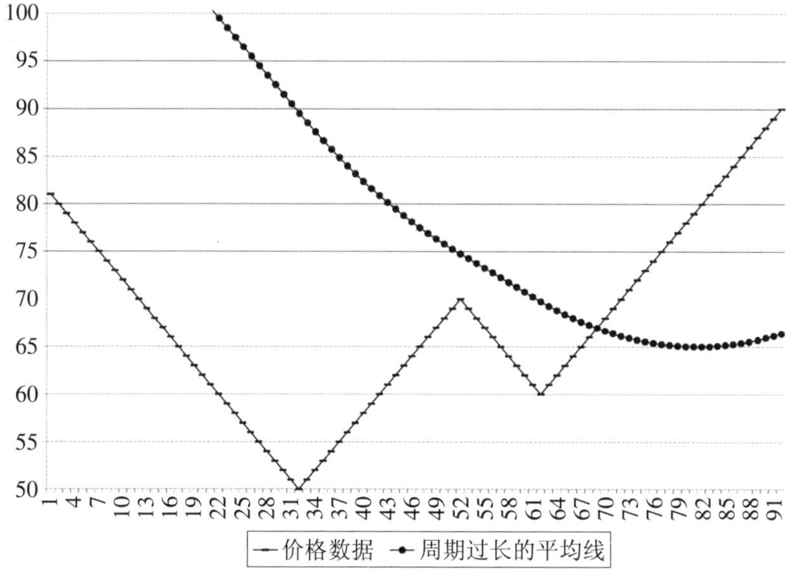

图 3.2 参数大的均线

价格穿过均线的时机太迟了

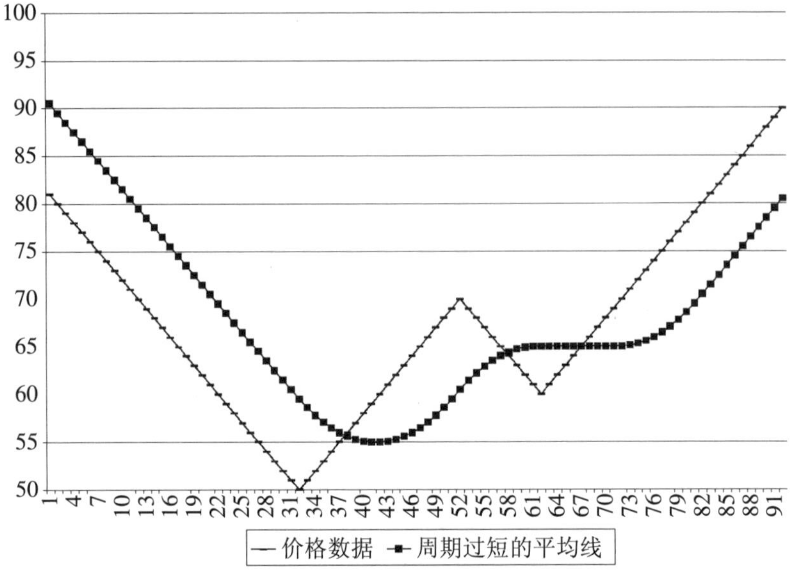

图 3.3　参数太小的均线
价格多次穿过均线

表 3.2　布林通道的常用参数

均线参数	布林通道参数
10	1.5
20	2.0
50	2.5

为了写好本书，我做了研究。我发现，在如今的市场，越来越没有必要根据均线的参数调整布林通道的参数了。我会在第二部分的第七章推荐我研究好的参数。

有趣的是，这些年来，在不同的市场，布林通道的构造原则还是很好用的。最初的构造原则和参数是一直持续有效的，这说明它们还是有用的。另外还有证据表明，参数变了一点点，但不会对系统造成很大的影响，这也证明了它们是有用的。在设计系统的时候，对小变化不敏感是优势，它说明系统能长期有用。

不管使用哪种时间框架的竹线，结果差别并不大，用日线图也行，10 分钟图也行。然而，如果交易者使用非常短的竹线图，那么他们倾向于使用更小的布林通道参数。原因可能是因为很多交易者把布林通道当做一种波动突破系统。我会在第二十二章的日内交易更深入地探讨这个问题。

要记住的要点

- **有 3 种时间框架，分别是短线、中线和长线**
- **要找到适合自己的时间框架**
- **用时间框架来组织任务**
- **把描述性均线作为基础**

第四章
关于长期有效的建议

投资者在积极寻求有效的建议，虽然大家都在这么做，但没有任何投资系统或计划能提供长期有效的建议。无论这个系统是基于基本面的、技术面的，或两者的结合，或是过去出名的投资计划，或是新的程序，它们都不能提供长期有效的建议。也许有时候系统很好用，但它最终会表现糟糕，或根本没有作用。有时候市场符合系统，所以有用；有时候市场不适合系统，所以没用。

购买共同基金的投资者最喜欢寻找圣杯，他们不停地变换软件，以期望找到长期有效的建议。有些软件对一个基金有用，其他软件则对不同的基金或行业有用。有些软件对不同的基金投资组合的作用也在变化。有些人想找到表现最好的基金，其他人则在尽量降低或消除风险的同时追求稳定的回报率。他们有一点是相同的：他们长期依靠一个系统，他们不知道系统面对的市场会有变化。

最终，灾难来了。这是无法避免的。市场在变化，经济在变化，世界在变化，恐慌和贪婪的波浪在市场中来回冲刷，原则和管理制度在变化，基本结构在变化，基金经理和基金目标在变化，很多时候是不提前通知的。很多小变化只有在事后才能被理解——有时候是很久以后才明白真相。这些都说明没有任何系统能提供长期有效的建议——有时候你很快就能明白这个道理。任何测试或计划也不能改变这个现象。

更重要的是，即使前面讲的内容都是错的，但投资者确实在变。今天还有用的计划，到了明天就不用了。昨天的目标，到了今天就成了不相干的东西了。年龄在变，收入在变，需求和欲望在变。今天可以依靠的计划，到了明天变成了相反的东西。即使交易者能够保持持续性一致性，相对的变化也会发生。经济在发展、在变化，它会改变投资者生活、工作和投资的环境。

没有任何系统、软件或投资计划能避免变化的冲击。无论我们多么有思想准备，多么有适应能力，我们的系统都有失效的时候。罗斯柴尔德男爵说，复利是最简单的系统，是世界第八大奇迹，但他又指出，复利很难实现。税收、银行倒闭、资本被没收、战争干扰、政府变更、坐牢、公众事件、社会主义的到来……世界上最富有的人都是那些自己创造财富的人，而不是继承财富的人，这不是巧合——赚钱比守钱容易。

我不是说我们没希望了，只是说长期有效的建议不存在。离散的建议才是有效的——根据风险回报特征确认机会。可以把这些离散的机会编织到方法中，这样就能长期使用，以实现目标。本书就是为了实现这个目标而写的。

很多人以为，只要有了布林通道，或是指标，就能得到长期有效的建议。他们打开图表，快速扫描右边的价格——最新的价格——并决定如何行动。如果参数正好设置恰当，他们成功的概率大；如果不是这样，他们的结果就是随机的，甚至更糟，因为情绪会捣乱。这个方法是有缺点的，最终会导致麻烦。

找到适合风险回报特征的机会才有用。这样的机会会经常存在，一只股票在一年内会出现几次，也有可能根本不会出现。我们的工作就是发现并捕捉到这些模式。这意味着要筛选很多股票、基金、指数等，以寻找机会。通常当一个人看着图表时，他很清楚该做什么，但很多时候，他不清楚该做什么。我们要像 1849 年的淘金者一样，我不是说要不停地去判断这里有没有金子，我的意思是找到正确的时机和正确的地点，然后再动手。

为了帮助你找到这些机会，我建立了一个网站叫 http://www.BollingeronBollingerBands.com。网站上列出了符合本书所讲的方法的股票。这些股票是从大量的股票中筛选出来的。如果你喜欢自己筛选，你可以根据本书介绍的标准自己筛选。

本书的重点是用布林通道和指标确认机会。本书并没有介绍完美的方法，只是一些工具和技术而已。《圣经》说："凡事都有定期，天下万物都有定时。"所以投资也是如此。这些工具和技术都要在特定的时机才有作用。如果你认真地、仔细地使用它们，它们能帮助你实现你的目标——至少在一定范围内是可行的。

要记住的要点

- 不存在长期有效的建议
- 布林通道能帮助你找到符合风险回报特征的方法
- 指标能起帮助作用
- 你可以结合技术分析和基本面分析，以形成你的优势

第五章 自己做主

本书会讲很多不同的概念和原则。会推论使用哪个时间框架，会推荐指标，会讨论方法。有时候，推荐的东西会讲得很具体，而其他的则故意不讲那么详细。共同的目的是想说：如果你想成功，你必须找到适合自己的方法。

有些投资者只能承受小亏损，而其他投资者为了追求中线或长线的收益，可以忍受短线的波动。针对投资者的一般原则是，如果亏损了7%或8%，就要出场。再继续亏损就荒唐了，投资者必须有自己的纪律。有些投资者适合8%的止损原则，但这个原则也会让其他投资者赚不到钱，甚至亏钱。不可能有一个原则让所有的投资者都能用好。

以下是两个例子，以说明投资者是如何结合已有的工具以适应自己的需求：

我建了一个分析股票的网站，叫 www.EquityTrader.com，它能对股票业绩和潜力做评估。业绩评估提前考虑了风险，过去的业绩结合日线图可以预测中线目标。潜力评估来自一个模糊逻辑模型，这个模型使用了技术和基本面原则，而且是短线的——更多地使用了交易者的工具，较少地使用投资者的工具。通过和用户的沟通，我了解到他们在使用本网不同的工具，有时候他们还自己把不同的工具组合起来，以帮助自己实现利润。这是正确的思想。

期货真相公司及其同行，它们测试了一些据说很赚钱的系统，并做了测试报告，然后把交易系统拿出来销售。用户发现他们想要的结果和系统不同，甚至相差很大。这说明了一个老生常谈的道理：

如果你把一个交易系统传授给 10 个人，一年后，你会发现有 10 个系统。由于各种各样的原因，用户要修改系统——甚至是大刀阔斧地修改——以满足自己的需求。所以说，你可以安心地传授任何系统给别人，不必过分担心系统的作用会失效。

要想成功，投资者必须学会为自己思考。因为他们的目标不同，风险标准不同，回报标准不同，所以我讲的是事实。投资者要自己开发投资软件，不但能赚钱，还要是适合自己执行的。如果他们不能跟随自己的系统，那么可以说，即使这个系统再能赚钱，也是没用的。只有量身定做的方法才有可能成功。

独立和独自思考是关键。随波逐流，跟别人学——或别人叫你跟他学——是很舒服，但是这条路上有风险。请思考一下罗伯特·弗罗斯特的《未选择的路》。

林中两路分，可惜难兼行。
游子久伫立，极目望一径。
蜿蜒复曲折，隐于丛林中。
我选另一途，合理亦公正。
草密人迹罕，正待人通行。
足迹踏过处，两路皆相同。
两路林中伸，落叶无人踪。
我选一路走，深知路无穷。
我疑从今后，能否转回程。
数十年之后，谈起常叹息。
林中两路分，一路人迹稀。
我独选此路，境遇乃相异。

你的路，必须你自己开拓，自己维护，自己去走，其他人肯定走的少，因为那是你的路，只有你自己去走。其他人不会走你的路，就像你走其他人的路也不会成功一样。你不必和别人分享观点、感觉、感触，他们也不必和你分享。在投资市场，没有圣杯，只能靠自己。

要记住的要点

- 独立思考
- 知道你忍受风险的能力
- 知道你的目标
- 走自己的路
- 有纪律

第二部分
基础知识

核心内容

第二部分讲布林通道的基础知识。第六章、第七章和第八章分别讨论交易通道和包络线的历史、布林通道的构造和指标。最后，考虑到有人想知道更深入的知识，所以第九章讨论统计知识。

第六章

通道的历史知识

交易通道、包络线和平行通道等的历史是很长的，也是有趣的。本书只讲它们的要点，这些要点足够说明它们的精华了。

最好先下定义。交易通道就是在中线趋势上下的通道——比如均线向上向下分别移动一定百分比的距离构成交易通道。通道不必是对称的，但是它们要有中心点做参考。包络线则是在价格附近的结构，比如一条线在最高价均线的上面，另一条线在最低价均线的下面。包络线可以是对称的，但大多情况下它们不对称，也没有中心点。平行通道是价格附近的平行线，这样它和价格就能组成关键点。

我所能发现的、最早的文字来自威尔弗里德·勒都克斯，他在1960年申请了双线图的专利（图6.1）。这个方法很简单，但看起来很不错，它用黑线（图中上方线）连接月度最高点，用红线（图中下方线）连接月度最低点。他有几条原则，其中最明确的原则是，当红线超过了黑线形成的波谷2个点就买入。这个技术的思想是找到一只股票的图表模式，抓住大波动，实现最大收益。我还没有测试过这个方法，但是我曾经见过的例子说明它是不错的。

勒都克斯先生于1918年开始操作，1921年破产了。这个不幸的遭遇让他开始了研究。他在1930年左右开始使用的第一个工具是他的机器人图，也被称做检测图。这个图关注相对的最高点和最低点，它使用的技术，我现在无法得知。很不幸，我也无法知道他开始使用通道的确切时间，只能说他在1960年公布双线图之前就在使用通道了。

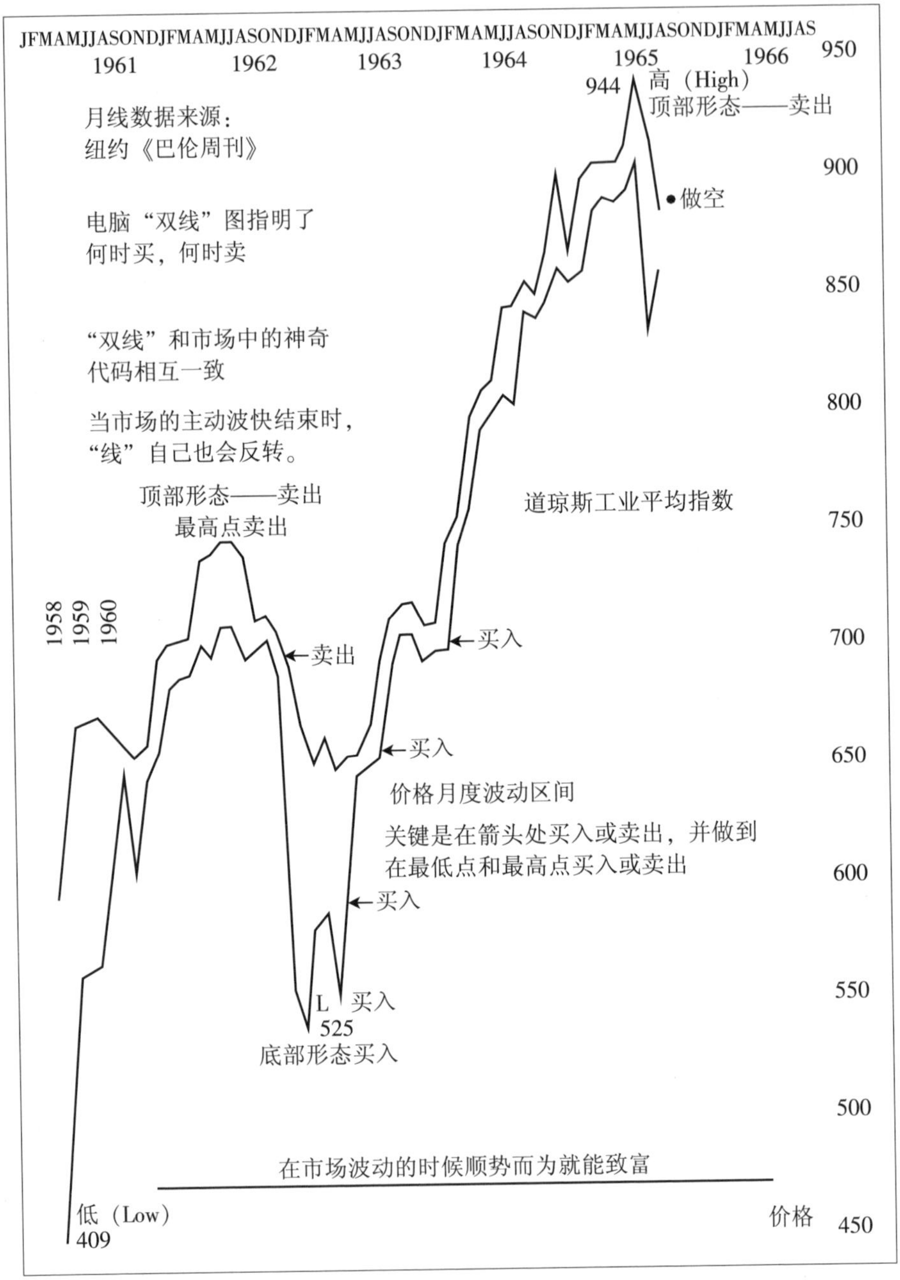

图 6.1　双线图，交易包络线的早期例子

（来源：1985 年纽约新罗歇尔《投资者资讯》之《股市技术百科全书》）

勒都克斯使用月线图，这让人感到吃惊。很明显，他在那个时候就在使用当时很流行的长线方法。超买和超卖都是指长线的顶部和底部，这些都是在月线图上才能看得清楚。有趣的是，现在人们把超买和超卖用在最短的时间框架上。市场确实在进化。

在勒都克斯为自己的双线图申请专利的时候，切斯特·W·凯尔特纳1960年在《如何在商品中赚钱》一书中提到了10日均线原则（图6.2）。凯尔特纳开始计算典型价格——计算一段时间内最高价、最低价和收盘价的总和，再除以3。然后他计算典型价格的10日均值，并在图表上画出10日均线。然后再计算每天振幅（最高价一最低价）的10日均值。在下跌的趋势中，他计算并画出典型价格的10日均值加上振幅的10日均值形成的一条线，这就是买入线，他在这里平掉空头仓位并建立多头仓位（由空头仓位反转为多头仓位）。在上涨的趋势中，把典型均值减去振幅的均值形成的一条线，就能得到卖出线。如果价格跌到了卖出线以下，他就要平掉多头仓位并开始做空（由多头仓位反转为空头仓位）。表6.1是凯尔特纳公式的总结。

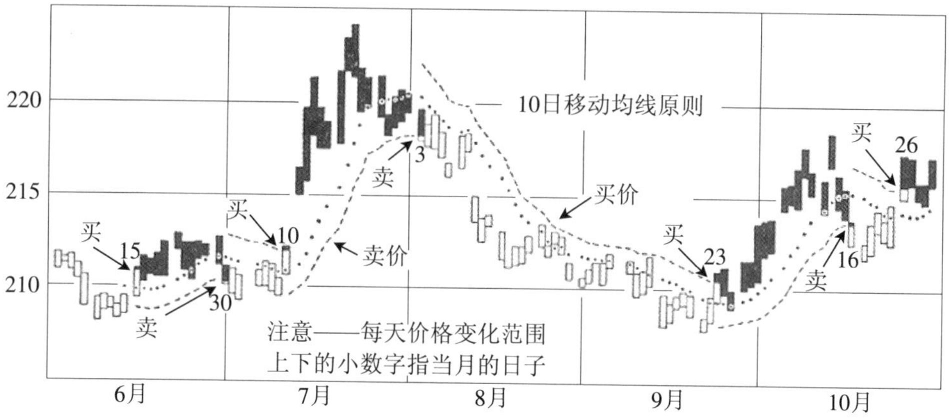

图6.2 凯尔特纳的买入线和卖出线

买入线和卖出线可以组合成通道（来源：1960年位于堪萨斯市凯尔特纳统计服务公司的切斯特·W·凯尔特纳写的《如何在商品中赚钱》）

表 6.1 凯尔特纳通道公式

凯尔特纳买入线：
典型价格的 10 日均值＋振幅的 10 日均值
凯尔特纳卖出线：
典型价格的 10 日均值－振幅的 10 日均值

凯尔特纳的技术有几个优点：

首先，使用典型价格是明智的。一般人使用收盘价或最近的价格，而使用典型价格则对价格的波动更敏感。由于考虑了开盘价，典型价格可以参考不同时段内的波动。这对于如今的市场来说是好事，因为现在的市场报价也许不全。比如说，纽约证券交易所的报价只代表纽约证券交易所的行情，它不包括交易所之外或收盘后的交易。另外，海外市场还在活跃地交易，它们的交易时间和美国的交易时间也许有差别。本书为了讲得清楚明白，所以用收盘价，但我鼓励你使用典型价格。

第二，凯尔特纳用每日振幅决定均线和通道之间的距离，也说明了他有完全适应的方法，后面会讨论这些。每天的波动范围也考虑了波动性，我认为这对成功是关键的。

第三，如果同时并持续地使用买入线和卖出线，而不使用凯尔特纳的其他方法，那么你就有了第一套交易通道，这个交易通道后来变得很流行（图 6.3）。

20 世纪 60 年代，理查德·唐奇安采用了一个简单、优美的方法，他采用 4 周原则形成的交易包络线。他的思想很简单。当价格超过了 4 周的最高点就买入；当价格跌破了 4 周的最低点就卖出。当时邓恩哈哥特公司是很出名的商品交易和分析公司，它们做了很多测试，发现 4 周原则是最好的交易系统。

在过去 4 周的最高价和最低价画上线，就把 4 周原则变成了包络线。我们现在把一段时间内的最高价和最低价作为最高和最低极限的概念叫做唐奇安通道（图 6.4）。现在海龟们在使用这个交易方法，听说这是海龟成功的关键核心（译注：参看《海龟交易法则一书》）。

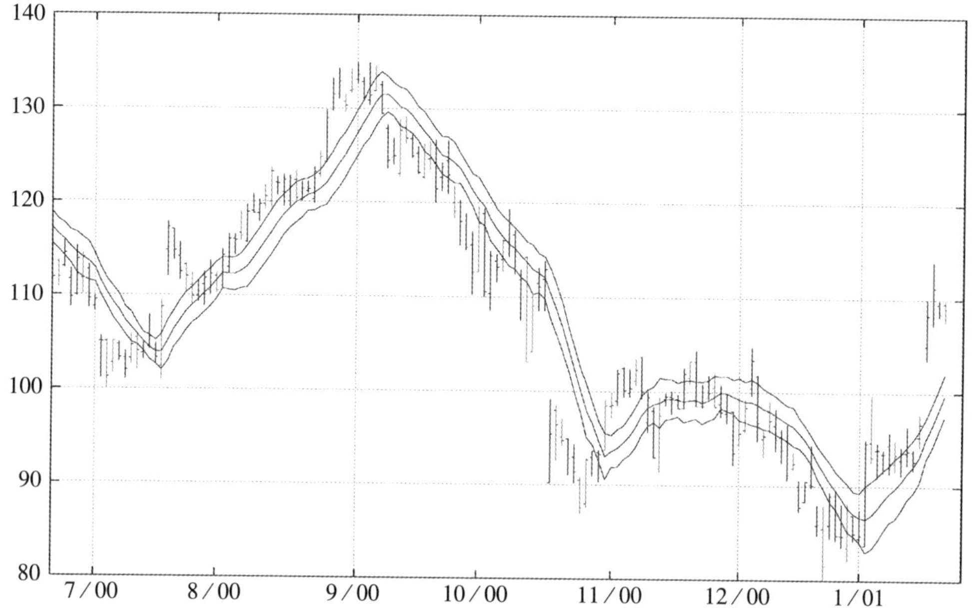

图 6.3 凯尔特纳通道
IBM，150 天。凯尔特纳的买入线和卖出线组合成交易通道

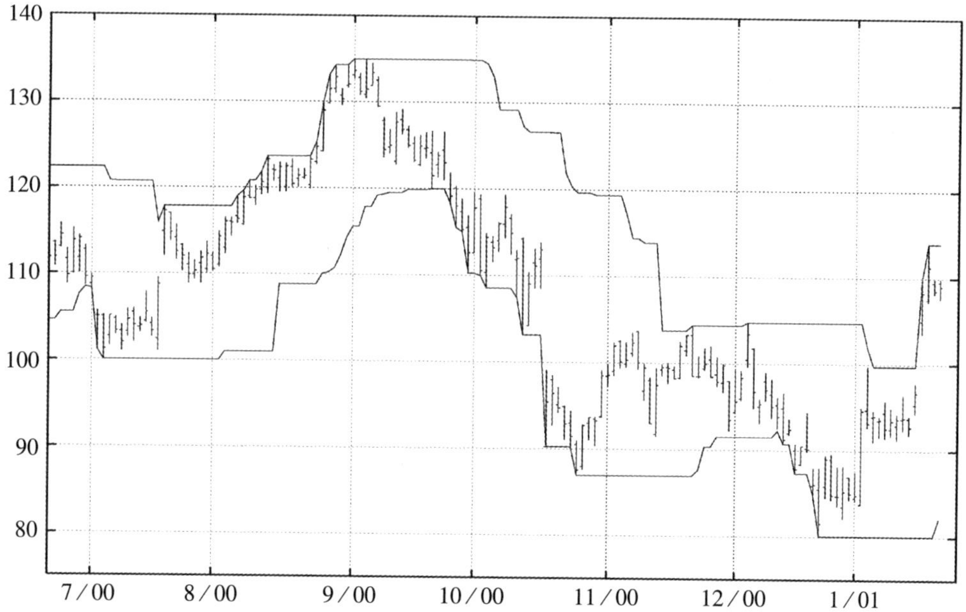

图 6.4 唐奇安通道
IBM，150 天。这是商品交易者常用的方法

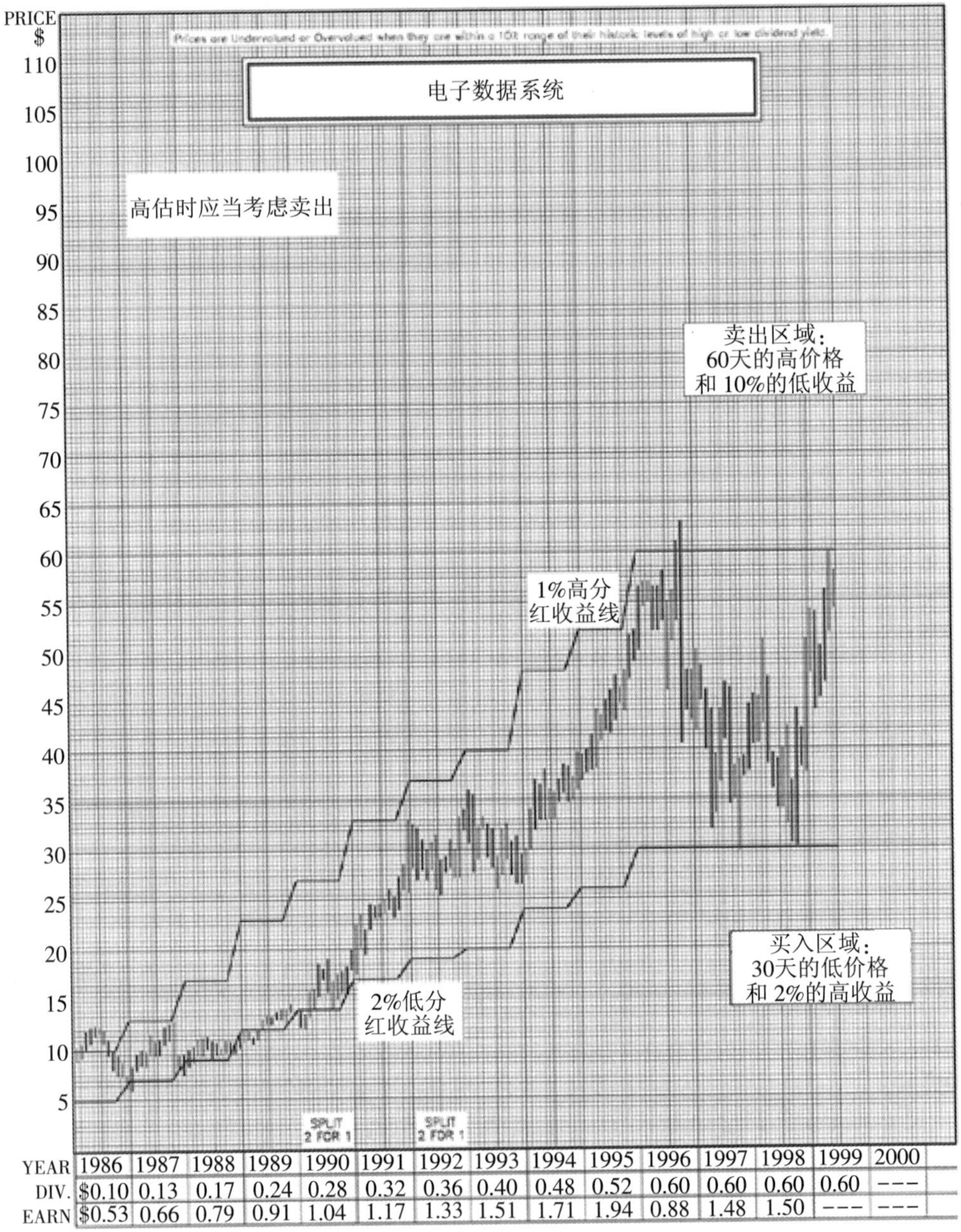

YEAR	1986	1987	1988	1989	1990	1991	1992	1993	1994	1995	1996	1997	1998	1999	2000
DIV.	$0.10	0.13	0.17	0.24	0.28	0.32	0.36	0.40	0.48	0.52	0.60	0.60	0.60	0.60	---
EARN	$0.53	0.66	0.79	0.91	1.04	1.17	1.33	1.51	1.71	1.94	0.88	1.48	1.50	---	---

图 6.5　估值包络线

结合了基本面和技术面，电子数据系统公司（来源，加州拉由拉市《投资质量趋势》）

1966年，杰拉尔丁·外斯主编的《投资质量趋势》投资报告介绍了一种新的包络线，叫估值包络线（图6.5）。《投资质量趋势》从历史的角度，结合分红情况，在月线图上加上了高估线和低估线。

正如我所知道的，《投资质量趋势》把一段时间内的最高和最低收益作为标准，根据分红数字，以预测未来的过高估值和过低估值。如果一只股票的分红在增长，包络线就像是大口向上的喇叭——随着时间的推移，圆锥体越大。这就是早期的理性分析，这个概念我在前面分析过，叫“结合了技术面分析和基本面分析的一套方法。”实际上，外斯女士是这方面的先锋人物。在当时，很少有投资报告会如此采用数字分析。在没有电脑之前，这么做的工作量是很大的。

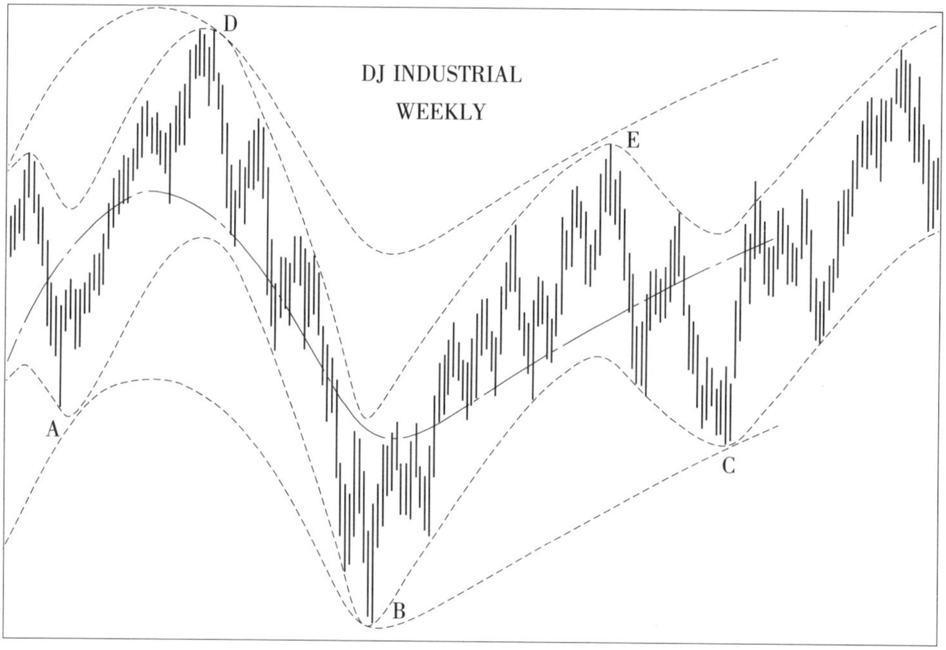

图6.6　手画的包络线
（来源：J·M·赫斯特发表的《股票交易时机的神奇获利》，格林维尔市交易者出版社1970年重印）

当J·M·赫斯特于1970发表《股票交易时机的神奇获利》时，通道理论则出现了重大的发展。赫斯特关心循环，他用“相同宽度的曲线通道”来确认股票的循环模式。他的方法就是使用多种手画的包络线

(图 6.6)，这些包络线和价格的循环波动有关系。包络线互相包含，在主要的反转点，它们经常是一致的。在他的书后面，他举了例子，以说明如何机械地使用包络线（图 6.7），但他的例子都是用手画的。

我怀疑这样的概念在当时超出了科技发展水平。从那以后，很多人尝试把赫斯特的研究系统化，但是我没看见谁有成功的结果。

开发交易通道的道路遇到了障碍，很难实现目标。随后，利息似乎上涨，同时又出现了几个分析师，他们也在做同样的研究。主要技术就是在价格上下加两条平行的均线（图 6.8），所使用的参数无非就是均线的几个点或几个百分比。请看表 6.2 的例子。很明显，赫斯特喜欢在书中使用均线，但我认为他是到了 20 世纪 70 年代末才开始把均线移植到机械方法。这个方法很快就出现了问题。首先，通道的宽度要根据经验一个品种一个品种地单独确定。第二，即使这么做了，还要不停地调整宽度。因此，即使百分比和点数能为交易者提供有用的最高价和最低价的定义，但很难使用，用的人还是要猜。

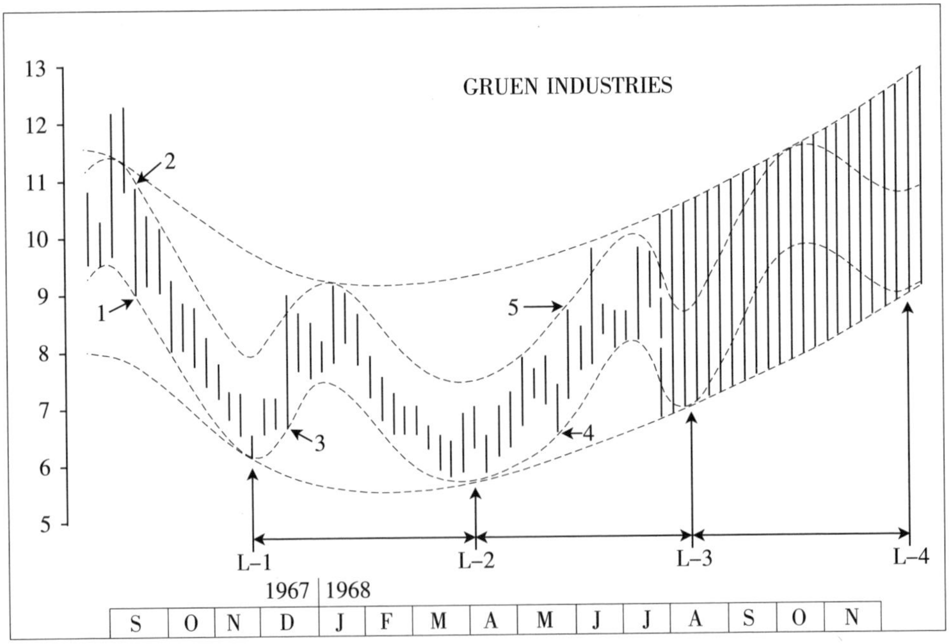

图 6.7 利用循环画出包络线

（来源：J·M·赫斯特发表的《股票交易时机的神奇获利》，格林维尔市交易者出版社 1970 年重印）

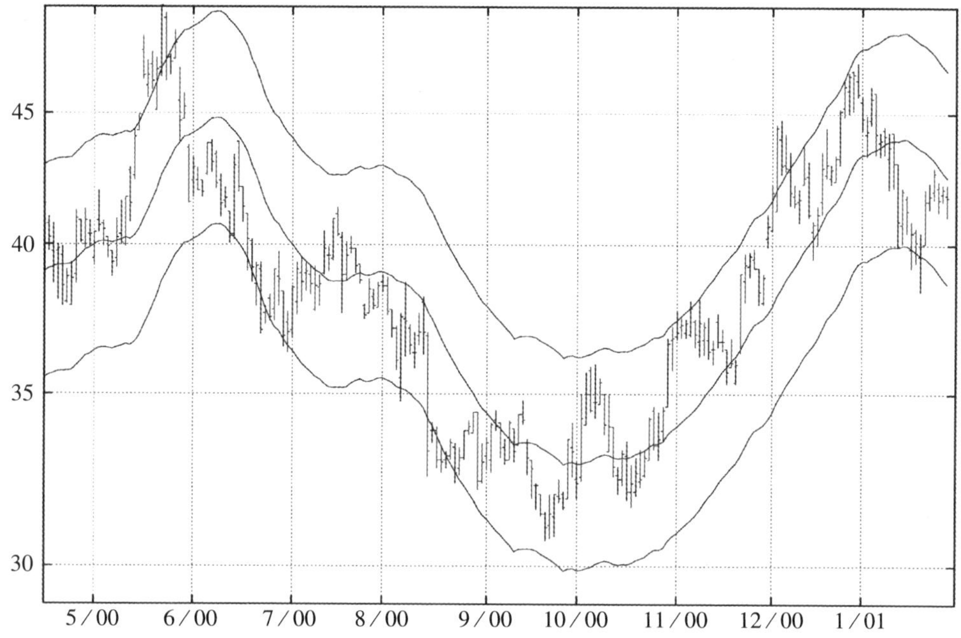

图 6.8 带有百分比包络线的股票

迪尔公司，200 天。这是最早的“现代的”通道，即百分比通道

表 6.2 百分比通道公式，5%的通道

上通道＝21 天均线×1.05
中通道＝21 天均线
下通道＝21 天均线÷1.05

20 世纪 80 年代初，老虎软件公司的威廉·施密特公布了一个电脑黑盒子系统用来确定市场时机，他美其名曰无可匹敌的股市择机法。他的系统能产生很多种信号。而且他的系统在某些方面要使用到百分比通道（图 6.9），在百分比均线通道内比较价格和指标的变化。有些信号涉及到了道琼斯工业平均指数和宽度指标；有些信号涉及到了成交量指标。这些工作暗示了技术分析系统化的大趋势。

说到这里，所有使用通道和包络线的方法都是对称的。在 20 世纪 80 年代初，马克·蔡金和鲍勃·布洛根开发了第一个完全自适应的通道，称之为鲍马（也就是鲍勃和马克的缩写），你在表 6.3 中能

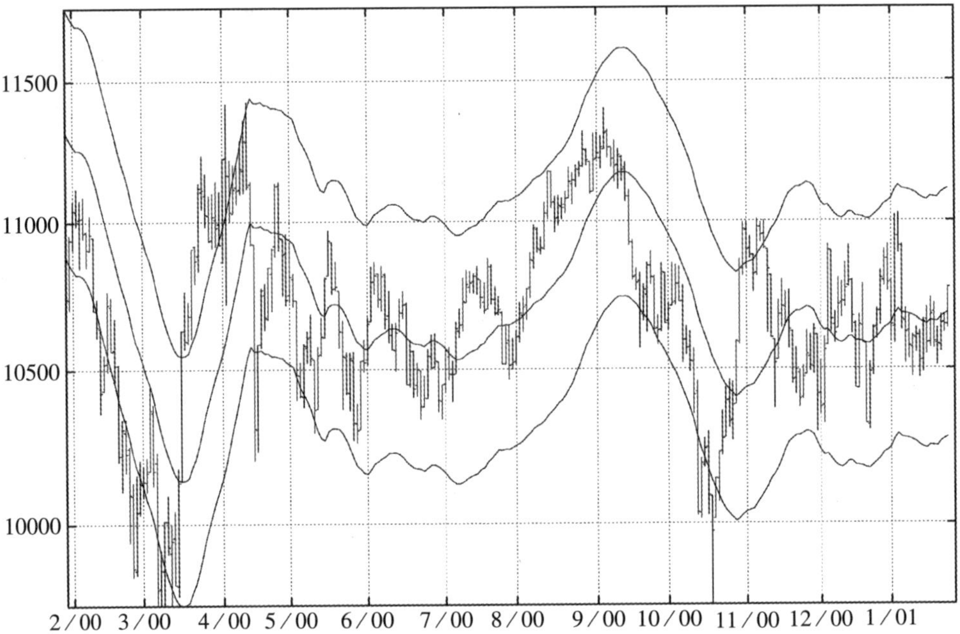

图 6.9 道琼斯工业平均指数
21 天均线和参数为 4%的通道。很多市场时机系统都是根据这个来的

看见，交易通道能包含过去一年 85%的价格。也不能过分夸张这个成就的重要性。在强烈的上涨趋势中，鲍马通道上通道张开，下通道收缩。波动性强的股票通道宽，稳定的股票通道窄。在下跌趋势中，通道下通道扩张，上通道收缩（图 6.10）。因此，鲍马通道不但打破了通道应该对称的思想，还能自动适应价格结构。

表 6.3 鲍马通道公式

鲍马通道
上通道在参数为 250 日的均线之上，包含了 85%的数据
中通道＝21 天均线
下通道在参数为 250 日的均线之下，包含了 85%的数据

图 6.10 鲍马通道
（来源：极讯研究和分析公司）

分析人员使用鲍马通道的主要好处就是不必再去猜测合适的参数。相反，他们可以轻松地关注交易决定，并让电脑帮他们设置通道宽度。不幸的是，鲍马通道在当时需要大量的计算，但现在除了极讯公司在研究它，其他人并不研究它。所以说大部分人还没有接受它。

后来，DYR 公司的吉姆·叶兹在 20 世纪 70 年代末、20 世纪 80 年代初从期权市场的隐含波动性中有了重要的发现。他结合市场期望，找到了一个方法，能决定证券是超买了，还是超卖了。叶兹先生表示，可以利用对波动性的期望创造一个框架，用这个框架就能对股票和期权做出理性的决定。这个框架包括 6 个区域，并给出每个区域合适的期权策略（图 6.11）。后来他把这个方法写进了《期权策略》，这个方法到现在都很有用，目前所有权由他的儿子比尔拥有。

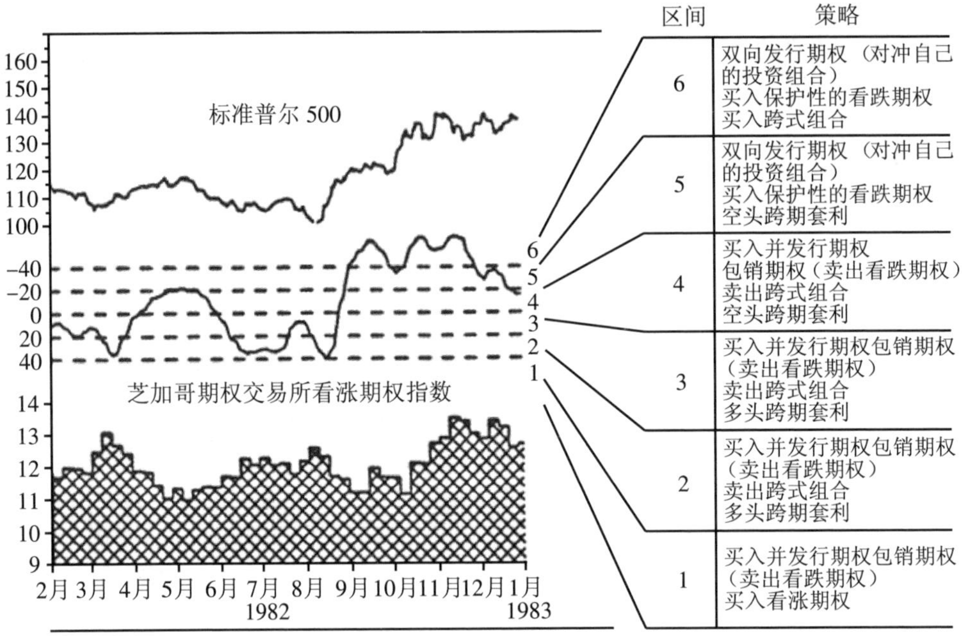

图 6.11　隐含风险指标

（来源：1987 年吉姆·叶兹写的《期权策略》）

吉姆根据隐含波动性创造了 6 个区域（通道）。然后他根据市场状况，利用通道决定采用最合适的策略。他的真知灼见非常好，对我的工作有帮助。

20 世纪 80 年代初的时候，我在积极地交易期权，关键就是要明白所有的波动类型，可惜，我当时还不认识吉姆·叶兹。我当时对技术分析特别感兴趣，尤其是交易通道。我认为，波动性就是找到合适的通道宽度的关键所在。所以，我当时做了很多测试，就是为了通过衡量波动性以找到设置通道宽度的方法。我逐渐发现标准偏差的计算值是一个非常好的结果。主要原因是计算偏差值的时候需要对均值进行平方操作（这是一个优势）。

最初，我计算长线的标准偏差值，用这个值来设置通道的百分比——也就是自适应的百分比通道，这个方法在很多方面还是有作用的。然而，随着时间的推移，参数就无效了，又要重新设置。也就是在那个时候，我认识到，也许标准偏差可以像我们计算移动均线一样计算它的移动均值（图 6.12）。后面的事做起来就快了。

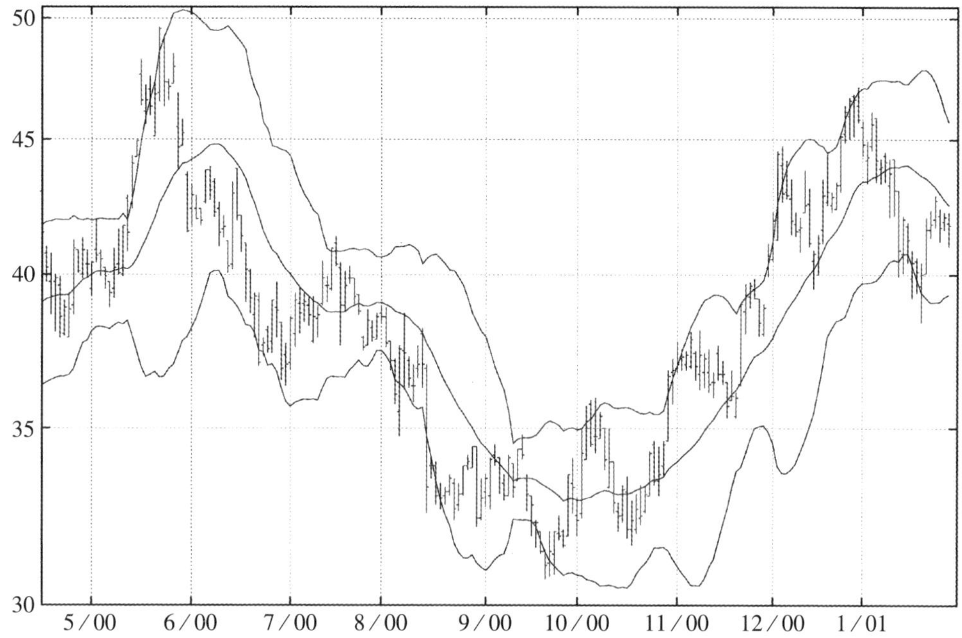

图 6.12　布林通道
迪尔公司，200 天

我是在一台型号为 S-100，内存只有 32k 字节的电脑上完成布林通道的开发的。我使用的操作系统是数字研究公司的，编程语言是比尔·盖茨微软公司的第一个产品，叫 MBASIC 语言。测试则是在一个叫超级计算的电子表格上完成的。这些工作都发生在电脑普及之前，当时 IBM 和数字设备公司的电脑统治着全球，而乔布斯和伍兹聂还在实验室开发苹果电脑呢。

我开发了布林通道之后，多次尝试开发自适应通道，但是没有一个系统有布林通道那么好用。无需多说，用我的名字命名的布林通道收到了广泛的认可，这让我很高兴。1983～1990 年期间，我在金融新闻网做首席市场分析师，做了一些直播节目，可能就是那个时候布林通道得到了广泛的认同。那时推荐布林通道是恰逢其时，光靠推销，别人也是不会接受的。

如果你好奇布林通道这个名字是如何来的，故事是这样的：有一段时间，我使用布林通道，但没有给它们取名字。有一天，我参与比尔·格里菲斯主持的直播节目，我就用图表描述市场，他就直接问那叫什么，在当时直播的情况下，毫无准备，我就说是布林通道，反正这么说也不会有什么损失。

要记住的要点

- 通道的历史很长
- 很多分析人士都对通道做出过重要的贡献
- 最常用的是百分比通道
- 布林通道诞生于 1983 年
- 布林通道的关键是波动性
- 适应性很重要

第七章

布林通道的结构

交易通道的结构很简单。先建立中线趋势，再在上下加上通道。问题是，中线趋势的参数是什么，上下通道的参数是什么？对布林通道来说，中线趋势就是简单移动平均线，上下通道使用的参数由波动性，也就是用标准偏差来画出。

移动平均线中的移动是什么意思？它的意思是，对于新的时间段，就要重新计算。对于移动平均线来说，每个新的时间段都要根据前一个时间段来计算它的值。比如 20 天移动平均均线，就要计算最近 20 天的值。到了第二天，最老的那个数据就被删除了，并用最新的数据进行计算。波动性的计算也是同理。

交易通道和价格包络线有什么关系？我认为，交易通道一般分布在中心点上下，中心点一般是均值。包络线则没有考虑到中心点——比如，最高点和最低点的均线，或赫斯特那样的在关键的高低点的曲线。

交易通道的问题比较简单。通道的百分比宽度必须随着品种的不同而改变，即使是同一个品种，随着时间的推移，也要改变宽度，这样才能保持有效。马克·蔡金已经告诉了我估算合适的通道宽度的方法。他的鲍马通道分布在 21 天均线的上下，这样能包含过去一年 85％的价格数据。他的方法对他很适用，而我的目标则是价格结构能尽量比鲍马通道包含的数据时期更长。实验表明，如果缩短鲍马通道的时间段，它将无法计算比较短的时间框架。马克·蔡金在寻找合适的通道宽度时碰到了钉子，他需要的是更加有适应性的东西。

我刚开始做投资的时候对期权感兴趣。通过研究期权发现，无论期权是否和可转换债券、权证或挂牌期权有关系，它们都要涉及到一个问题，波动性——更具体地说，也就是对期货波动性的估计。盈利的关键很好学——但很难使用，了解波动性比了解一个人容易。实际上，波动性是很多事物的关键，所以我研究了各种各样的波动性：历史评估、期货评估、统计测量等等。一旦谈到了交易通道，我就明白，为了获得成功，通道必须包括波动性。

一旦确认了波动性是找到交易通道宽度参数的最好方法，还有很多东西要做选择。衡量波动性的方法很多：计算一段时期内的波动范围；计算和趋势线的差量值；计算和预期值的偏差值——我还可以列举无数个。初步看了一下，有 7 个方法可以考虑。在决策的过程中，很明显，自适应能力越强，它的效果就越好。在所有的方法中，标准偏差（又叫西格玛 σ）的表现是最好的。

要想计算标准偏差，首先你要计算数据组的均值，然后把这个均值和数据组里面的数据分别一一相减。结果就是一些对均值的偏差——有些是正数，有些是负数。数据组越是波动厉害，那么结果就越分散。下一步则是把这些结果相加求和。然而，这么做的结果是 0，因为正数抵消了负数。为了计算偏差，就要去掉负数，只要去掉负数符号就行了。结果就是绝对偏差。给这些偏差平方，也能消灭负数——负负得正——标准偏差就是这么计算的。最后一步很简单——平方后相加求和，再除以数据组的数据个数，最后开方（表 7.1）。

表 7.1　标准偏差的流行公式

$\sigma=\sqrt{\dfrac{\sum (x_i-\mu)^2}{N}}$	其中，x_i＝数据值 μ＝均值 N＝数据组中数据的个数

给偏差平方的目的是为了后面的计算方便，但它也有副作用：偏差被放大了。实际上，偏差越大，就越会被放大。这是关键。随

着价格的飙升或崩跌，“和”的均值偏差就增加了，公式里面的平方计算就加大了这个值，通道就能有效地适应新的价格。结果看起来，似乎是通道在追价格。不要低估了这个能力。通道之所以能确定模式并能定义什么是最高点，什么是最低点，靠的就是这个能力。

布林通道默认的均线参数是 20 天——正好是一个月的交易天数——和 2 个标准偏差。你会发现，如果你缩短均线天数，为了设置好通道宽度，你就要减小标准偏差；如果你增加均线天数，你就要加宽通道宽度，后面会讨论这个问题（或看第一部分第四章讨论的传统方法）。

调整参数的原因和标准偏差的计算有关。如果均线参数是 30 天或 30 天以上，上下 2 个标准偏差能包含 95％的数据。如果是 30 天以下，那么是不推荐用标准偏差做计算的，但如果用了，结果还是很好的。实际上，为了让通道能包含所有的数据，可能有人希望均线参数是 10 天。如果天数减少，那么你要允许通道宽度参数的改变，也要允许计算结果的改变，这样才能保证通道能包含足够的价格数据。

表 3.2 是传统的参数设置方法，天数是 10～50 天，通道宽度参数是 1.5～2.5 个标准偏差。为了写作本书，我测试了一些市场，以看看这个表是否有效。结果表明，还是要做一些小调整，才能适应现在的市场。我测试了 6 个市场：IBM、标准普尔 500 指数、日经指数、黄金、德国马克兑美元和纳斯达克指数。除了德国马克测试了 8 年的数据，其他品种都测试了 10 年的数据。我计算了 10 天、20 天、30 天和 50 天的布林通道。布林通道做了设置，能包含 89％的数据，均线则都使用 20 天均线。

测试的结果都能实现持续一致性。根据这些测试结果，我的建议如下，如果你一开始使用 20 天均线，上下 2 个标准偏差的布林通道；随后，你可以使用 10 天均线，上下 1.9 个标准偏差的布林通道；50 天均线，上下 2.1 个标准偏差的布林通道（表 7.2）。

表 7.2　推荐的布林通道宽度参数

均线天数	通道宽度
10	1.9
20	2.0
50	2.1

这些调整后的布林通道比以前推荐的参数都要小。有无数的因素导致了这个结果，比如抽样的样本大了，使用了更好的测试方法和测试平台等等。但最重要的因素是市场在进化。布林通道最先使用的参数都是 20 年前的，但从那以后市场发生了巨大的变化。比如，股指期货就是新鲜事物，当时是没用的。自从推出了股指期货后，市场无疑也在进化中，所以我们的方法也要跟着进化。

总结一下我的发现：在大部分市场，如果使用 20 天均线，上下 2 个标准偏差的布林通道，你能包含 88％～89％的价格。如果想一直包含 88％～89％的价格，你就要把均线天数改到 10 天，把通道宽度改到 1.9。如果你把均线天数改到了 50 天，你就要把通道宽度改到 2.1。

对于均线小于 10 天或大于 50 天的，最合适的方法是改变竹线的时间框架。比如，如果均线天数小于 10 天，改用 60 分钟图比较好。纽约证券交易所每个交易日有 7 个小时的交易时间，上午 9：30 开盘，所以 9：30～10：00 要看做一个小时，所以 35 个小时就是 5 天。根据通用原则，要尽量把均线的参数设置为 20 或 30，在这个范围内的波动比较好处理。如果你总是在包络线上下工夫，效果是不如人意的。

为什么要使用简单移动平均线？曾经有好多年，有一对父子在《投资者财经日报》做广告，推销“好用的布林通道”。他们的“秘密”是什么？他们把指数移动平均线作为中间趋势。然而本书还是推荐使用简单移动平均线。因为要用简单移动平均线计算波动性，再计算通道宽度，如此一来，计算出的中间点就是持续一致的。那么，可以使用指数移动平均线吗？当然可以。均线都是有效的。只是你使用其他类型均线的时候，你无意中导入了其他因素，而你可能没有注意到。我测试后发现，使用指数移动平均线或加权移动平均线并没有明显的优势，你可以比较图 7.1～图 7.3。勿庸置疑，你应该坚持最简单、最符合逻辑的方法。

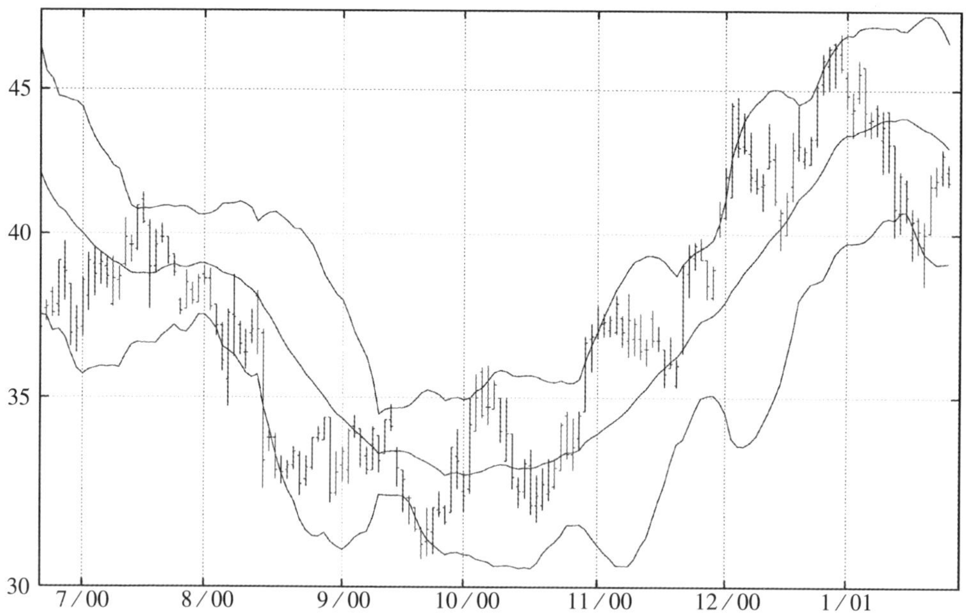

图 7.1 布林通道 20 天简单移动平均线

迪尔公司，150 天。典型的布林通道

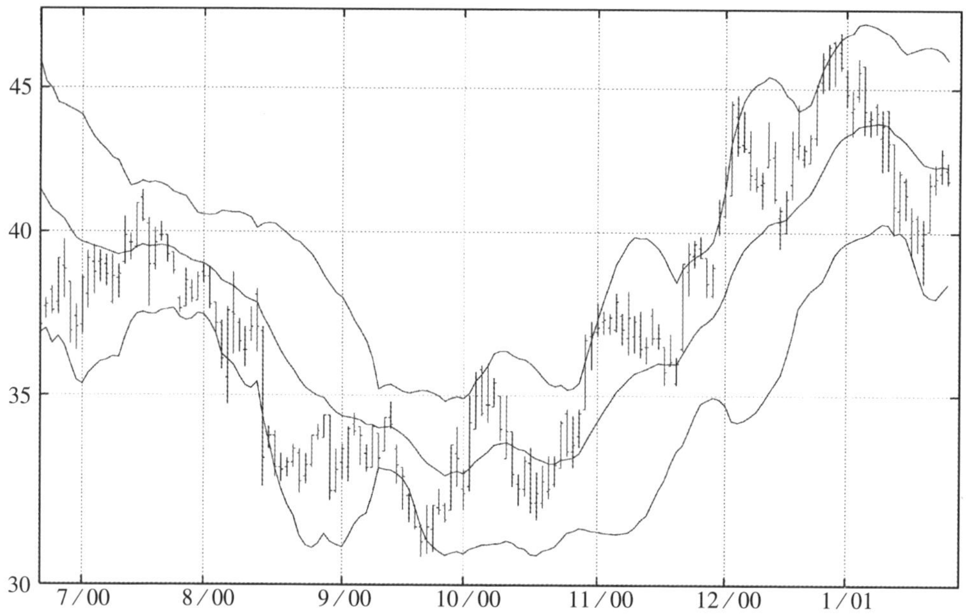

图 7.2 布林通道 20 天指数移动平均线

迪尔公司，150 天。指数移动平均线更快——为了兼容性，你要把天数放大些

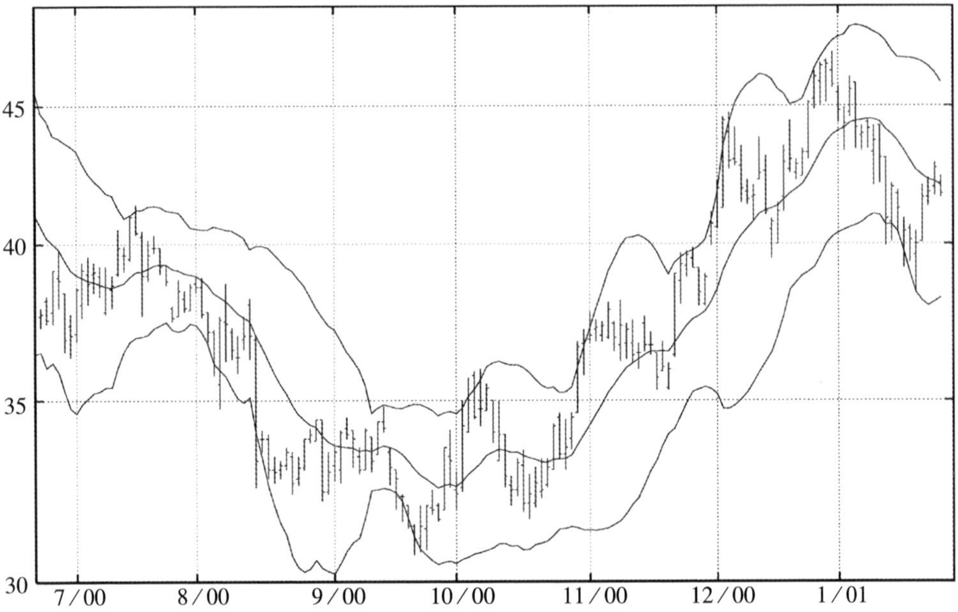

图 7.3　布林通道 20 天加权移动平均线

迪尔公司，150 天。加权移动平均线还要快

如果用其他的均线天数做计算，会如何？其中一个常见的错误是，用比较大的天数计算波动性，并用比较小的天数计算均值，从而抓住主波动循环的信息，以找到通道宽度，同时用最好的方法衡量趋势。为了找到中间点——比如，用 50 天均线计算中间点，用 20 天波动性计算通道宽度（图 7.4）。我也这么做过，但比换均线类型要做的少。说真话，我不明白，本来就很复杂，为什么你还要加上一个变数，除非你自己喜欢……

最后一个常见的变化是，同时使用多个通道。有两个方法。一种方法是使用同样的天数，比如 20 天，但使用不同的通道宽度。比如上下的标准偏差值是 1 和 2（图 7.5）。另一种方法是使用不同的天数计算，比如，20 天均线，上下 2 个标准偏差；50 天均线，上下 2.1 个标准偏差，并把它们放在同一个图表中（图 7.6）。在这两种方法中，后者比较常用。不同的通道混在一起，有时候互相交叉，不好比较。我并不建议你这么做，但是一旦你掌握了这些基础知识，还是有趣的，它们值得你去关注。

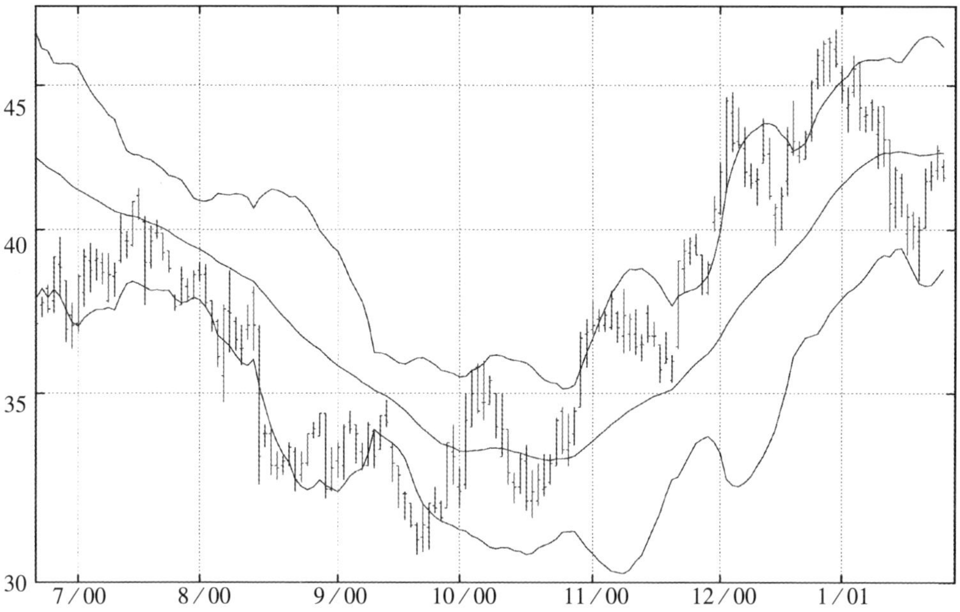

图 7.4　布林通道 50 天均线

20 天计算的标准背离，迪尔公司，150 天。是混合后很搭配，还是混合后不搭配

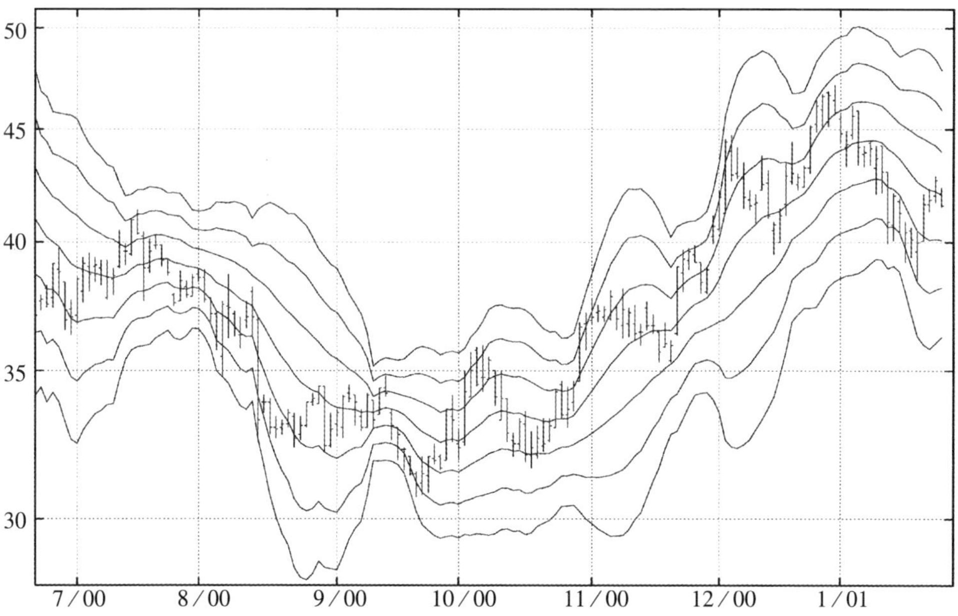

图 7.5　多通道的布林通道同样的天数多个宽度

迪尔公司，150 天。喜欢这个方法的人号称这样的图表能把事物看得更清晰

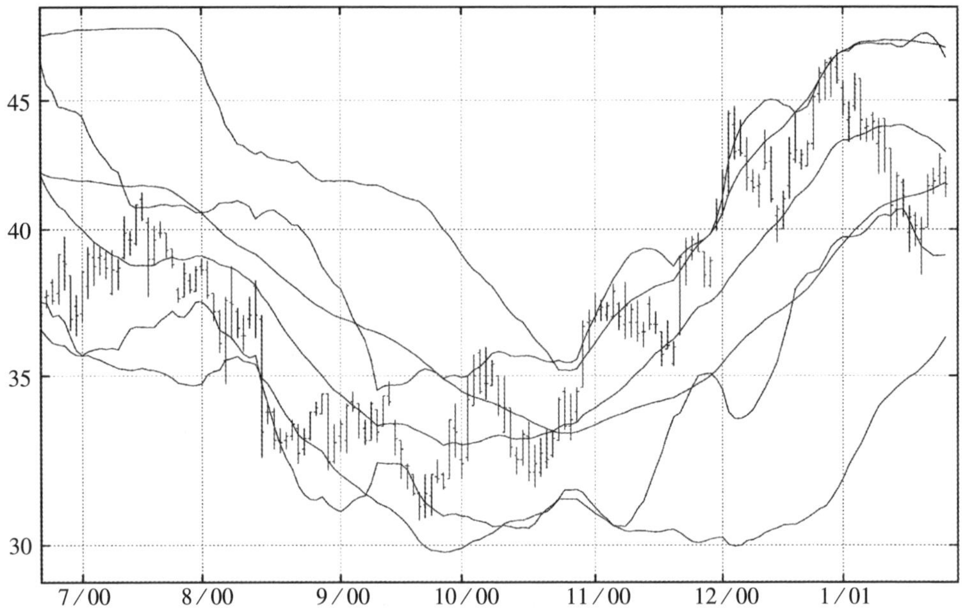

图 7.6　多通道的布林通道不同的天数正常的宽度
迪尔公司，150 天。如此看来，要知道通道的来历是有趣的

生活本身就很复杂。要坚持基本的东西，把狂野的东西留给喜欢的人去研究。你掌握了这些基本技术后，如果觉得通过优化参数能提高你的业绩，那么你可以这么做。如果掌握了模式识别（请看第三部分）和指标的使用（请看第四部分），会让你体验并了解不同方法的方方面面。所以，要先学好基本知识，以免迷失了自己。

要记住的要点

- 使用简单移动平均线，这是基础
- 用标准偏差设置宽度
- 默认值是 20 天均线和 2 个标准偏差
- 均线天数变了，通道宽度就要相应变化
- 保持简单

第八章

布林通道指标

布林通道可以衍生出两个指标：%b 和通道宽度。%b 告诉我们价格和布林通道的关系，在系统开发中，它是连接价格和指标波动的关键。通道宽度告诉我们通道有多宽。通道宽度能帮忙找到趋势的开始和结束，这很重要。我们先谈%b，再谈通道宽度。

请注意，如果最新的价格在上通道，那么公式值是 1.0；如果价格在中通道，值是 0.5；如果价格在下通道，值是 0.0。%b 并非是有界的。如果最近的价格在上通道之上，它的值就超过了 1；如果最近的价格在下通道之下，它的值就小于 0。如果值是 1.1，我就说它高于上通道 10%个通道宽度；如果值是−0.15，我就说它低于下通道 15%个通道宽度（图 8.1）。

%b 指标公式

$$\frac{\text{最新的价格}-\text{下通道}}{\text{上通道}-\text{下通道}}$$

%b 指标让你比较布林通道内的价格波动和类似成交量震荡指标这样的指标的波动（图 8.2）。假如你使用这样的系统：如果收盘价在上通道以上，且 21 天的日内强度是负数，卖出。要想编程，你应该这样写：如果%b 大于 1，且 21 天日内强度小于 0，卖出。更多的内容请看第四部分。

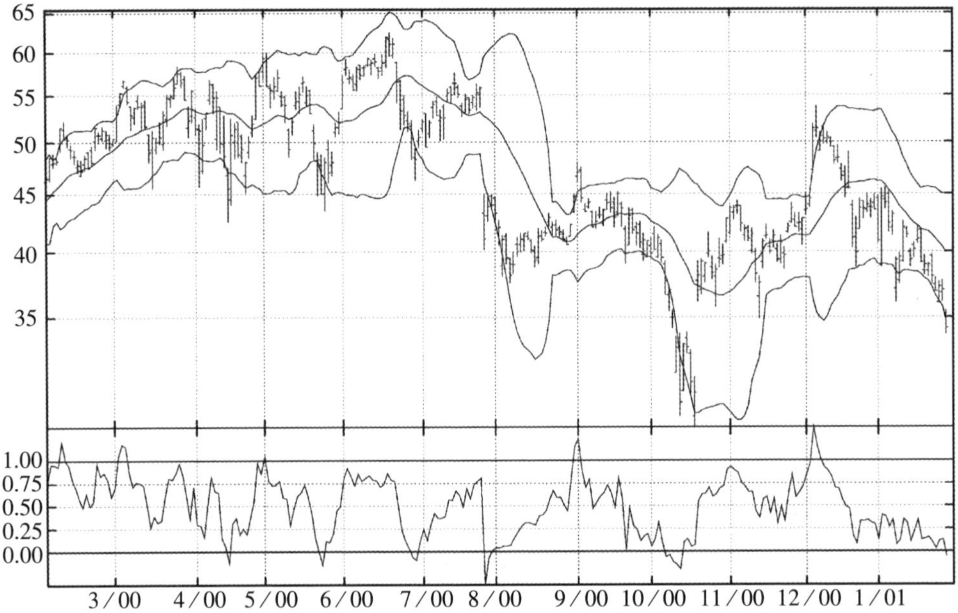

图 8.1　布林通道和%b 指标

诺基亚，250 天。%b 指标告诉我们价格和通道的关系

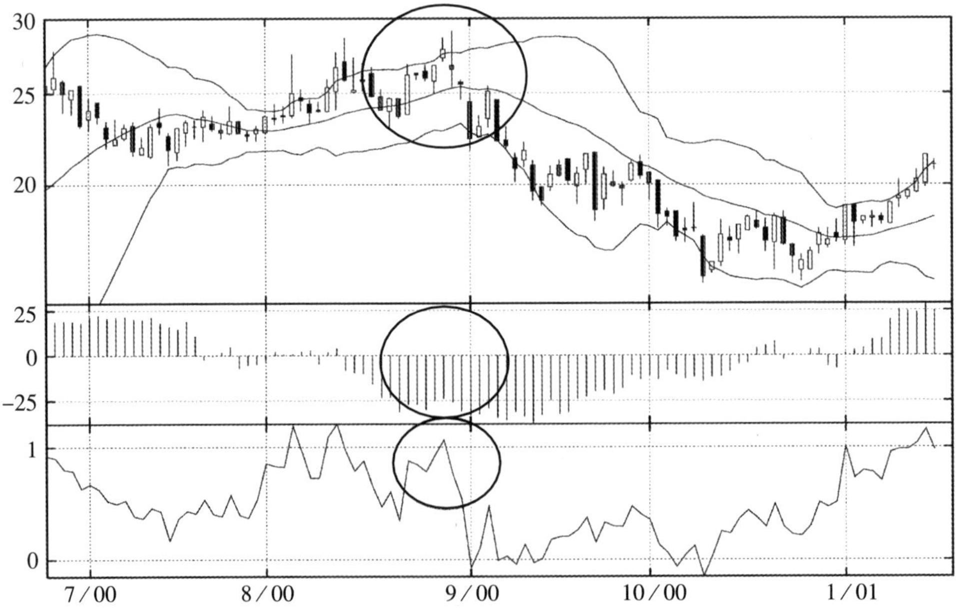

图 8.2　布林通道、%b 指标和 21 天日内强度没有确认的最低点

吉尔福德制药公司，100 天。请注意收盘价在上通道之上，同时指标出现了负数——典型的卖出

%b指标的另外一个重要功能是帮助实现模式识别（图8.3）。假如你想建立一个系统，思路是这样的：如果对最低点的再次测试是成功的，那么就在第一次强势上涨时买入。编程时要这样写：如果%b在第一次低点的值小于0，且%b第二个低点的值大于0，第二天成交量大于50天均值，且振幅大于10天均值，那么就在第二天买入。第三部分会谈论更多的相关内容。

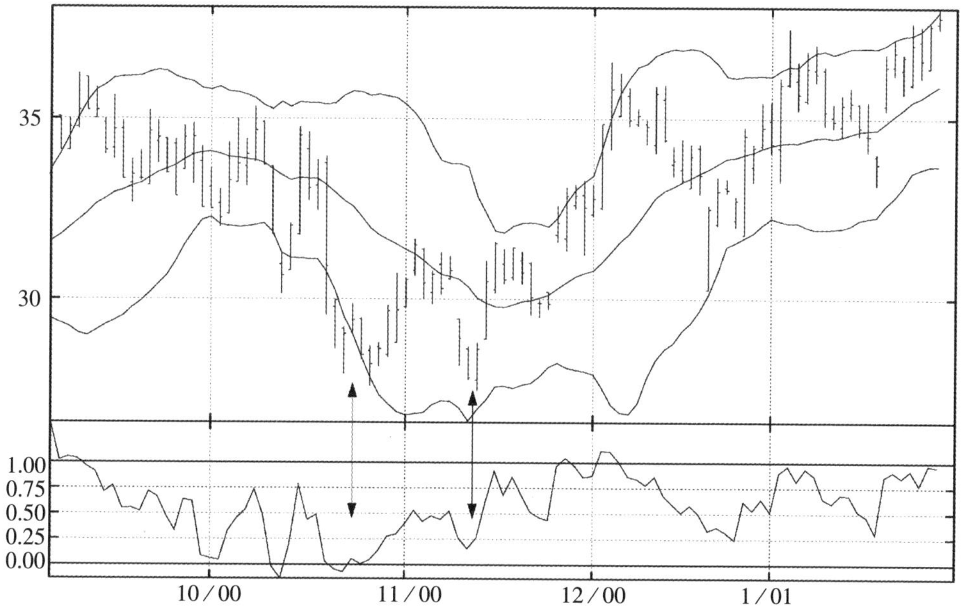

图8.3 布林通道和%b指标、W底
西尔斯公司，100天。请注意W底和价格新低，但%b指标没有创出新低

%b指标本质上是相对的工具，它并没有给出绝对的信息，它只是告诉我们价格和布林通道创造的框架的关系，它提供的只是各种比较关系。比如说，你的布林通道不但要关注价格，还要关注指标，并希望在强势没得到确认时卖出。也许要这样编程：如果%b（价格）大于0.9，且%b（指标）小于0.3，卖出。这些内容算是提前讲了——我在第二十章会具体讲相关的系统。

布林通道衍生出的第二个指标是通道宽度。要想计算通道宽度，上通道减去下通道，再除以中通道。只要通道是根据均线这样的中间趋势建立，就能计算它的通道宽度。

通道宽度公式

$$\frac{上通道-下通道}{中通道}$$

通道宽度最有用的地方就是确认收缩，收缩时，波动跌到了低点水平，因为太低，结果成了预测波动性上升的工具（图 8.4）。最简单的方法就是观察通道宽度到达半年内的最低点，我将会在第十五章解释这些内容。

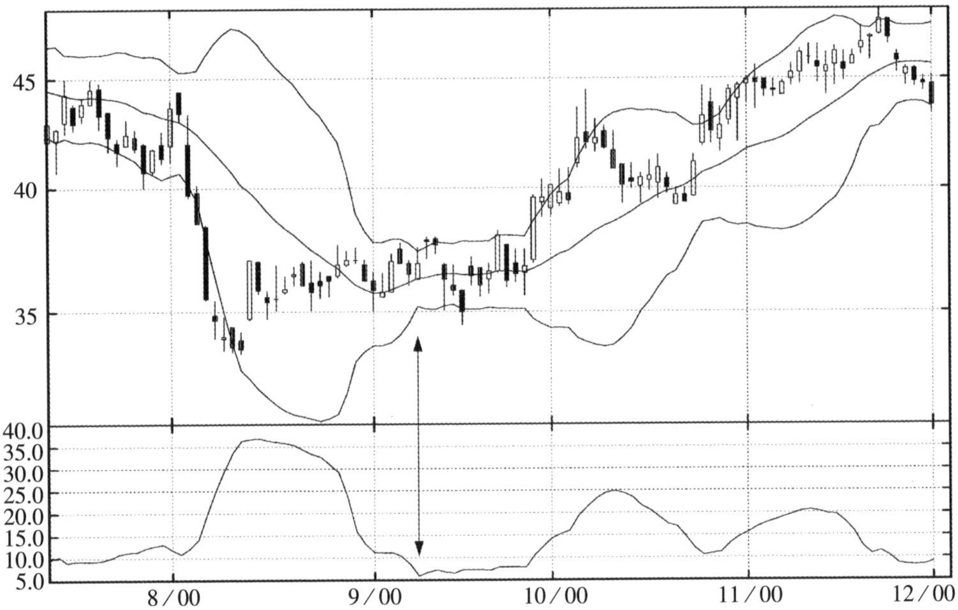

图 8.4　布林通道和通道宽度收缩

高乐氏公司，100 天。高波动性引起了低波动性，反之亦然

通道宽度的一个重要作用就是找到趋势的开始，无论是上涨，还是下跌。很多趋势开始前都是震荡的，而震荡时通道宽度很窄。震荡突破的同时如果伴有通道宽度的明显增加，通常这是大趋势的开始（图 8.5）。

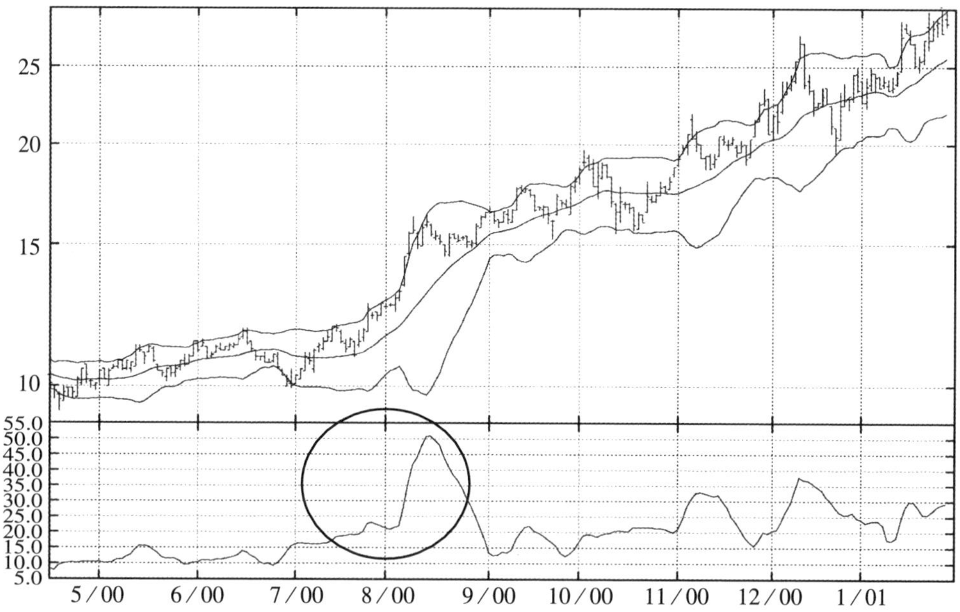

图 8.5 布林通道和通道宽度趋势的开始

标准太平洋公司，200 天。请注意在趋势开始时出现了巨大的波动脉冲

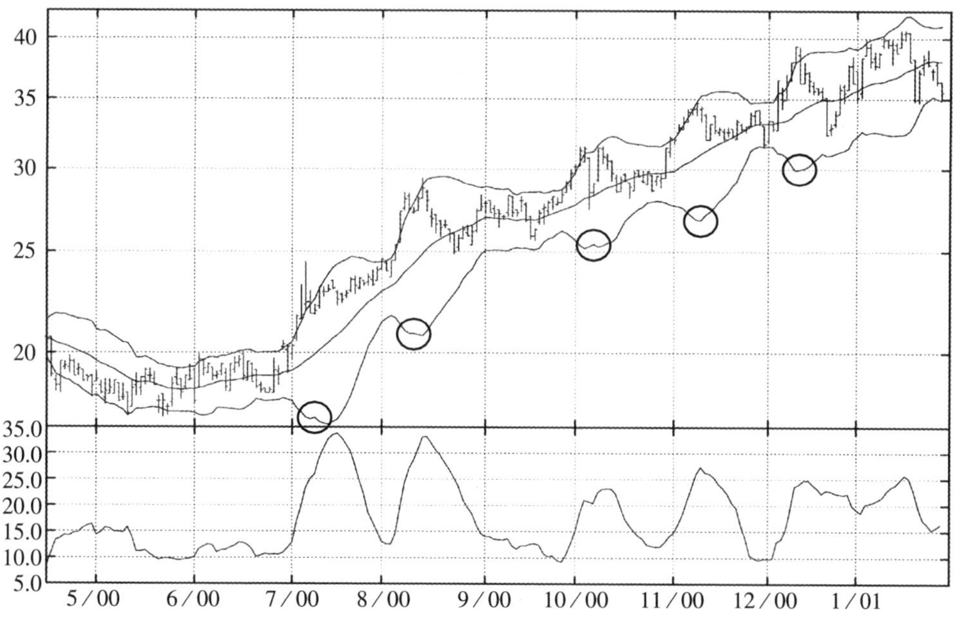

图 8.6 布林通道和通道宽度趋势的结束

莱纳公司，200 天。请注意对面一侧的通道，每次价格回调时，对面一侧的通道反而上涨

通道宽度的的另一个重要作用是标识出强势趋势的结束，而这些趋势本身就是从收缩开始的。你会发现，强劲的趋势会导致波动的扩张，导致通道极度扩大，趋势对面一侧的通道——也就是上升趋势中的下通道——方向和趋势相反。当下通道反转时——本例中是上涨——价格就回调了。通道宽度本身也是如此。也就是说，如果通道宽度变平了，或下跌，导致趋势对面一侧的通道反转，那么趋势就结束了（图 8.6）。

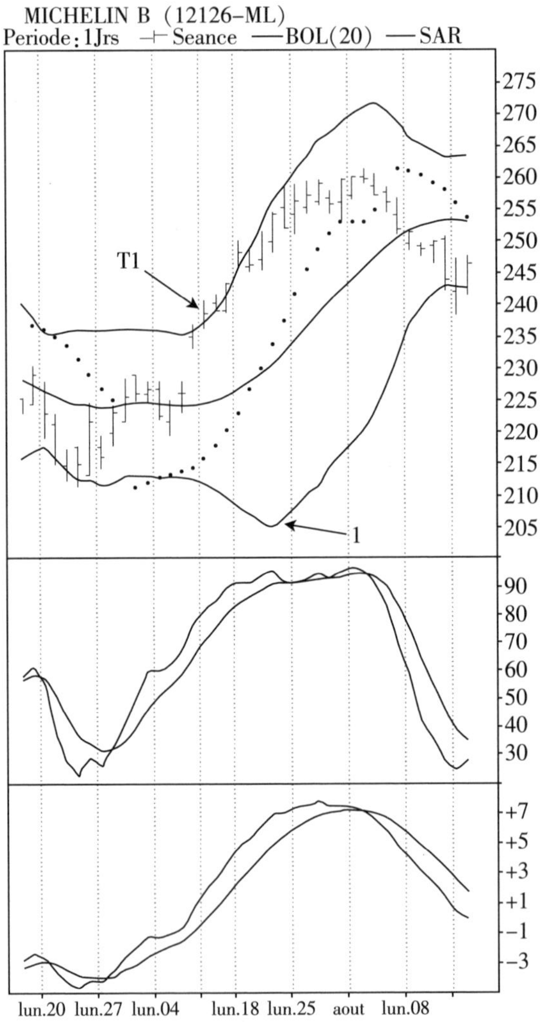

图 8.7 行情中稳定的波动
（来源：菲利普·加恩于 1999 年在法国巴黎出版的
《动态分析技术》中的“平行”）

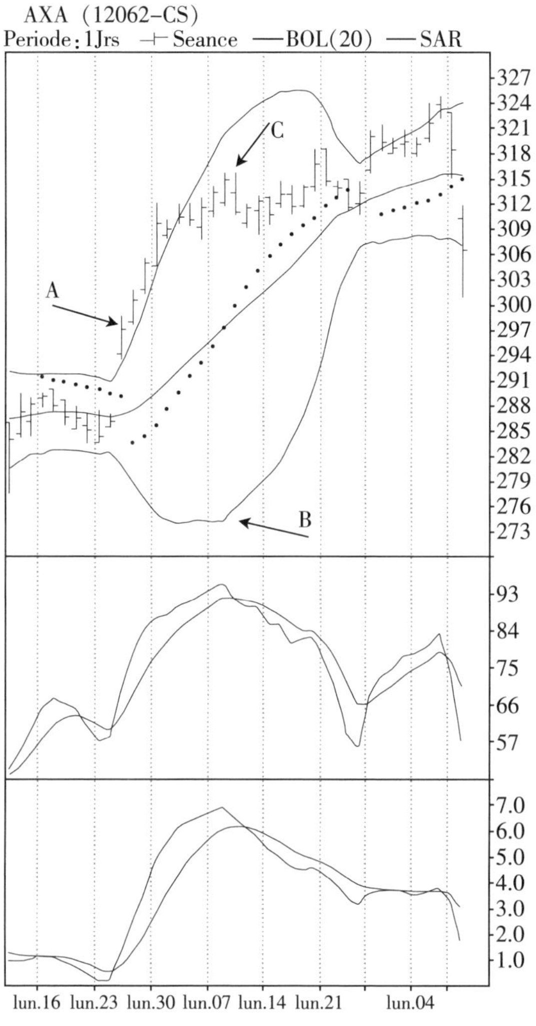

图 8.8 行情中的变动波动
（来源：菲利普·加恩于 1999 年在法国巴黎出版的
《动态分析技术》中的“气泡”）

菲利普·加恩是法国的分析人员，曾经写到了通道宽度变化的布林通道。他提到了两个模式：“气泡”和“平行”（图 8.7，图 8.8）。在这两种模式中，他认为，结合布林通道，都能找到明显的交易机会。

要记住的要点

- %b 指标描述了最近的价格和通道的关系
- 在开发交易系统和信号的时候，%b 指标很有用
- 通道宽度描述了通道的相对宽度
- 可以用通道宽度来确认收缩
- 可以用通道宽度来确认趋势的开始和结束

第九章

统计原则

先讲讲一些背景情况：

如果要测量一组人的身高。现在，在竹线图上画出他们的身高(5.8 英尺，5.9 英尺等等)。结果会像图 9.1 一样，是正态分布，曲线像一个钟。大部分人的身高在平均身高附近。离平均身高越远，人越少。在最高和最矮的地方，人更少。

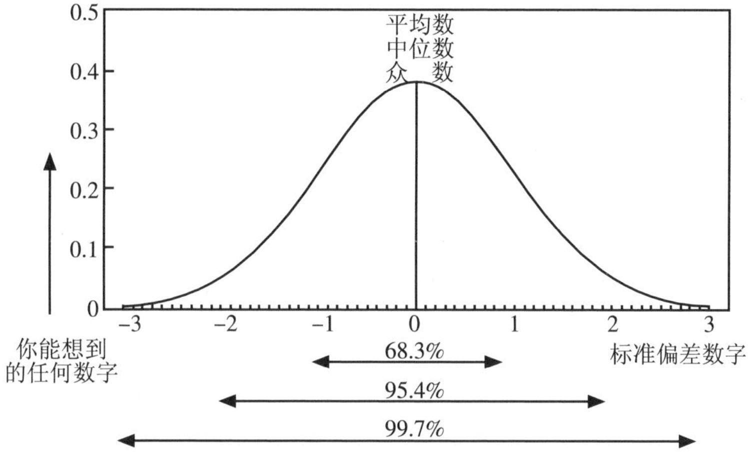

图 9.1 正态分布
(来源：1998 年约翰威利父子出版公司出版的由理查德·斯德利写作的《经济数字指导》)

用同样的方法计算股票的价格变化，你会发现巴尾，也就是极端的低点和高点很密集。有很多大赚和大亏，比你想象的还要多；小变化则很少，比你想象的还要少。这意味着股票的价格并非是正态分布的，你所了解的统计学方法也许用不上。

要想准确地了解一件事，你也许需要用样本来说明。假如说碗里有上百个红色和绿色的玻璃球。如果你随机地取出 30 个，红球和绿球的比例应该反映了整体的比例——所有球的比例。样本越大，越能反应真实情况。如果球的颜色不止两种，你就需要更大的样本来做评估。

如果你能明白这些，剩下来的就简单了。

用标准偏差来描述通道宽度，这自然要引入统计原则的使用。由于股票价格不是正态分布的，且样本小，所以很多统计概念看起来似乎有用。

中心极限定理告诉我，即使数据不是正态分布的——股票就是如此——随机地取样会产生正态分布的子集，从而证明统计原则是正确的。即使是很小的样本，这也是正确的。所以，即使样本不合适，我们也不必为统计期望值是真实的而感到奇怪。

关于布林通道，经常被问到的统计概念就是回归，也就是说所有的事物都要回到原来的样子，统计学的术语就是回归或均值回归。如此说来，如果价格远离了均值，我们就应该盼它们回到均值。这是技术上的超买和超卖后面的统计概念。均值回归意味着分开状态的价格——在上通道和下通道的价格——会回归到均值，或中通道。

虽然金融工具能证明均值回归，但这个现象没有那么强烈，市场不会把均值当做目标而自动买卖的。这就是为什么通道指标还是有用的原因。有了指标，我们就能理性地判断价格是否要均值回归，或趋势会继续下去。一旦指标确认了通道的特征，你不会看到买卖信号，但你能看到继续的信号。如果特征得不到确认，你就知道要均值回归了。如此，我们结合统计信息和技术分析，就能根据这些信息提高交易决定的质量。

如果中心极限定理是真实的，那么即使样本过小，统计结果也是有用的。我的测试证明布林通道也是如此。无论是采用 10 天均线，还是 50 天均线，为了让通道包含一定的数据，是要做调整的，但是价格相对通道的变化还是差不多的。我用上下 2 个标准偏差的通道测试时，本希望能包含 95%的数据，实际上只包含了 89%的数据，但这不影响测试结果。

为什么我用上下 2 个标准偏差的通道不能包含 95%的数据呢？有两个原因。一是因为我使用的是总体统计方法，它的结果就是通道比较窄。二是因为股票的分布不是正态分布——它的极端情况比想象的要多——所以会有很多数据在通道之外。当然了，还有其他原因，但那些不是主要原因。

什么是非正态分布？什么是胖尾巴？图 9.2 完美地解释了这个概念。比较高的曲线是正态分布，一般的分布就是这样的。比较矮的分布就是股市的分布，小变化比想象的少，大变化比想象的多。这两个曲线的差别就是峰度不同，这是股票的显著特征。

大的下跌—小的下跌—不变的价格—小的上涨—大的上涨。

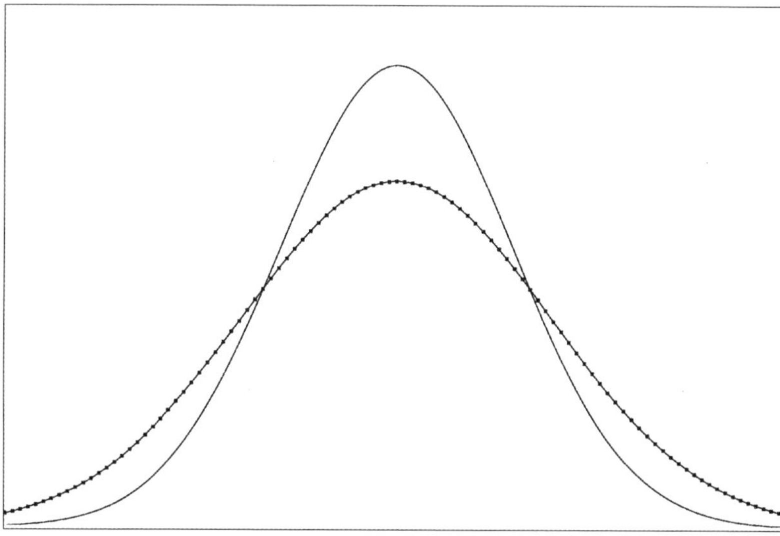

图 9.2　峰度
股市不是正态分布的——大变化很多

也许布林通道最有趣的现象就是你在图表上看见的通道有节奏地收缩和扩张。在债券市场，如果采用 19 天的均线，能看得很清楚(图 9.3)。学术界有很多人在研究这个现象。论文用广义自回归条件异方差模型和自回归条件异方差模型揭露的细节反映了这个倾向。

总体而言，如果价格既不是循环的，也不能用循环来预测，那么波动既是循环的，又可以被预测。这就是为什么通道在均线附近正常地收缩和扩张，但是看不到价格明显变化，这就不奇怪了，但它反映了波动性。正常这个词是个陷阱。虽然用19天均线来看，长期债券的波动似乎是循环的，但用其他工具无法得出正常的循环结论。然而，我们要关心的不是正常的表现。最有趣的结论是低波动会引起高波动，高波动会引起低波动。这就是收缩现象的理论基础（请看第十五章）。

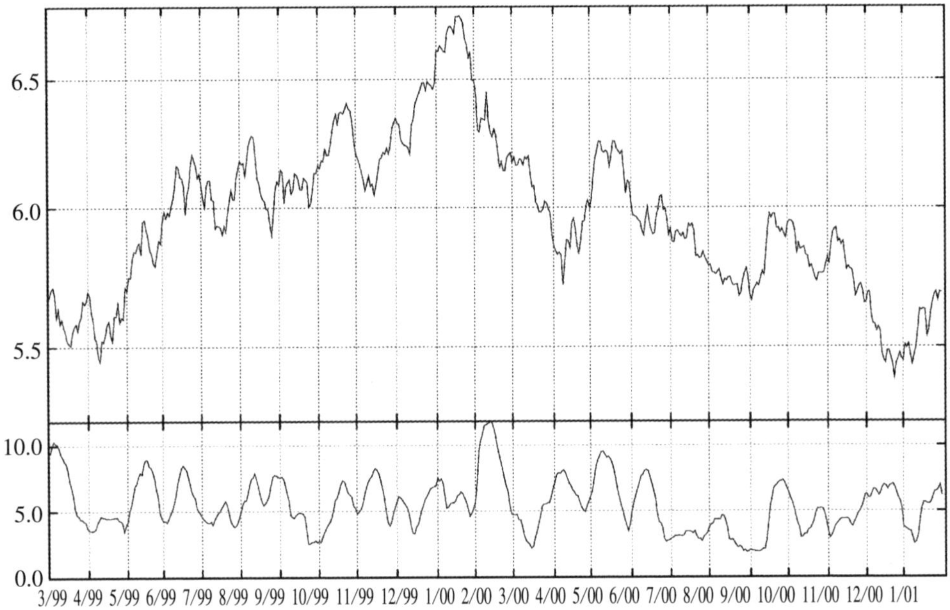

图 9.3　债券市场的波动循环

30年债券的收益，2年。请注意在波动时最低点之间的常见距离

总而言之，一些统计原则对布林通道是有用的，我们可以据此做出一些判断。很明显，股票并非是生产线上的小工具，如果你这么想就比较笨了。很明显，统计上也有很多创造发明，把这些工具合理地用在投资上是可以的。

要记住的要点

- 统计原则基本上对布林通道有用，但不是绝对的
- 均值回归并没有那么严重
- 可以使用指标确认价格碰到通道的特征
- 即使价格不是循环的，波动性本身是循环的
- 高波动性引起低波动，低波动引起高波动性

第三部分

布林通道和模式识别

核心内容

第三部分研究最基本的技术分析，也就是模式识别，并展示如何让布林通道成功地帮助实现模式识别。每一章单独讲述顶部、底部和持续的趋势。最后，你会发现三个交易方法中的第一个是根据收缩形成的方法。

第十章
模式识别

模式识别就是识别重复发生的事件。价格按照一定的顺序排列，我们就能识别出来，并做出行动。但这些模式很少会一模一样地展现出来。这些模式只是在总体上相像，这有点麻烦。为了成功地做到模式识别，我们需要一个框架做分析，布林通道就是这个框架。

技术分析也就是对技术模式的描述。最常见的模式有：双底、双顶、头肩形、上升三角形和下跌三角形。有些模式暗示了趋势的反转，有些模式则是暗示趋势还要继续。

布林通道也能帮助实现模式识别，它需要对不同品种，不同市场，不同时间下定义——最高点、最低点、平静、波动、有趋势或没趋势。模式在进化，通道也跟着进化，并提供相对的、灵活的框架，它不能提供绝对的、严格的框架。它在这方面不如图表或趋势线。

证券一般都不会突然从上涨变成下跌，也不会突然从下跌变成上涨。这个过程需要经历价格的波动，一般都要一次或多次地测试支撑区和阻力区。M 和 W 模式就是常见的反转模式，它们能让我们知道旧趋势何时结束，新趋势何时开始。新的趋势既可以是针对旧趋势的反转，也可以是震荡趋势。最常见的是双底和头肩顶。但并非所有的反转模式都是伴随有 3 波推动的 W 底或 M 顶，只是说它们最常见而已（图 10.1，图 10.2）。

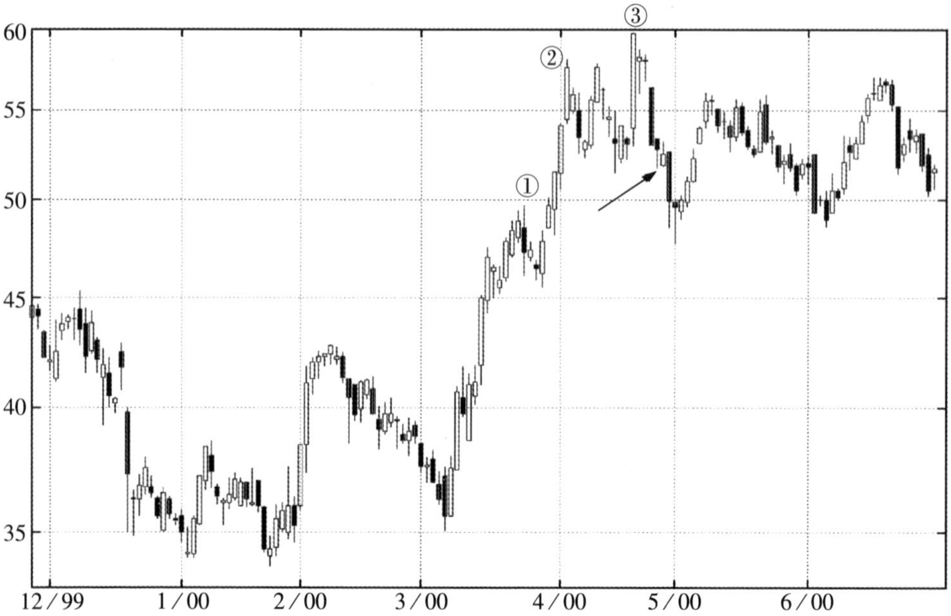

图 10.1　3 波上涨

砝码西亚公司，150 天。先是 3 波上涨，推到最高点，然后是突然下跌，打破趋势

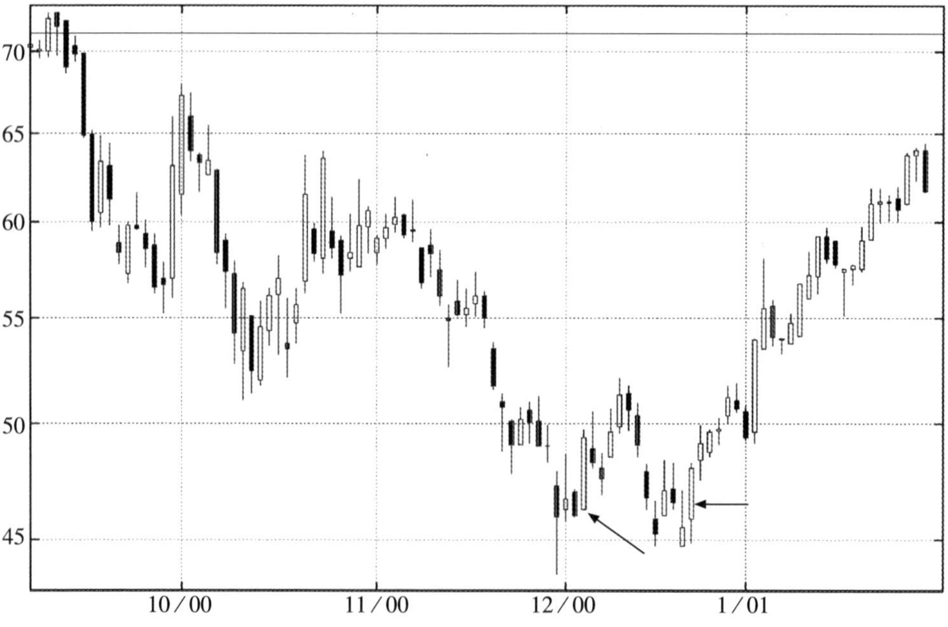

图 10.2　W 底

贝尔斯登公司，100 天。典型的 W 底——请注意新低后的阳线

尖顶和V形底也会出现，导致反转。有些反转模式不一定会真的反转，它们只是说明旧趋势结束了，新的趋势是震荡，不是反转。还有更长、更复杂的模式：慢慢地从下跌变成上涨的底部模式、密集模式和复合顶模式。

从大框架来看，很多模式只是大模式中间的小模式，比如，从60分钟图转到日线图，或从周线图转到月线图。在20世纪80年代末曾经有一个交易系统，这个系统就要求使用3个时间框架，且这3个时间框架的模式或信号一致时才能交易。这个方法叫分形，它有力地证明了使用多个时间框架的重要性。

分形模式很常见。比如，长线的W底。如果仔细观察，W模式还会包含中线的W底，你甚至会在W模式中看见小的M模式（图10.3）。对分形没有严格的定义，多个级别的分形同时存在的概率比较小。

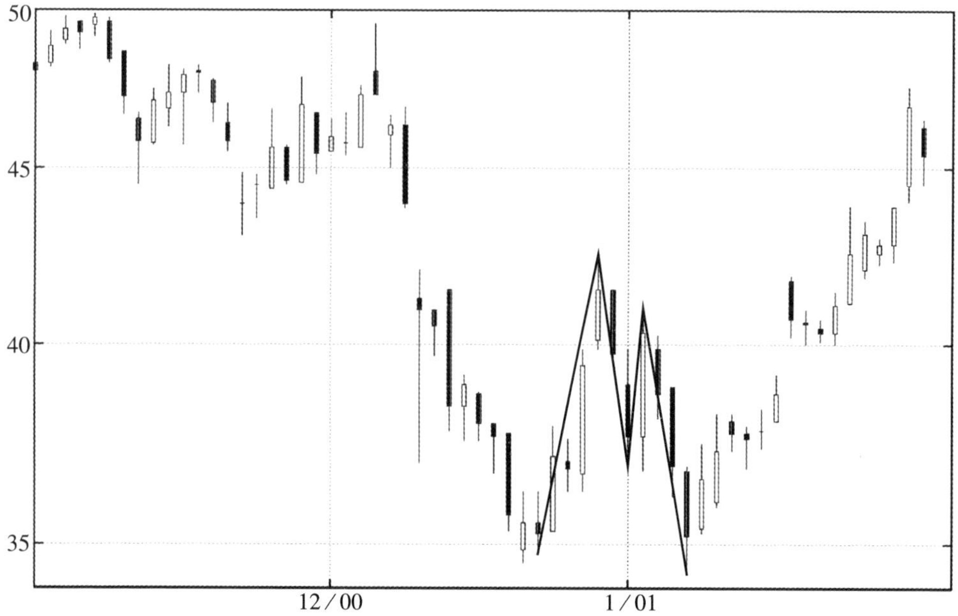

图10.3 W模式里面有M模式

哈雷戴维森公司，100天。你能看见W模式里面的M模式吗

不管是什么级别的图表，我们都可以在图表上看见模式特征——这个模式和特征能用布林通道来解释：

典型的例子就是 W（双底），先是下跌，然后是上涨，然后第二次下跌，再上涨。第二次下跌是否创出了新低并不重要——只要是下跌就行。第一个最低点应该在布林通道之外，第二个最低点应该在布林通道之内。第一次下跌时的成交量应该比较高（图 10.4）。

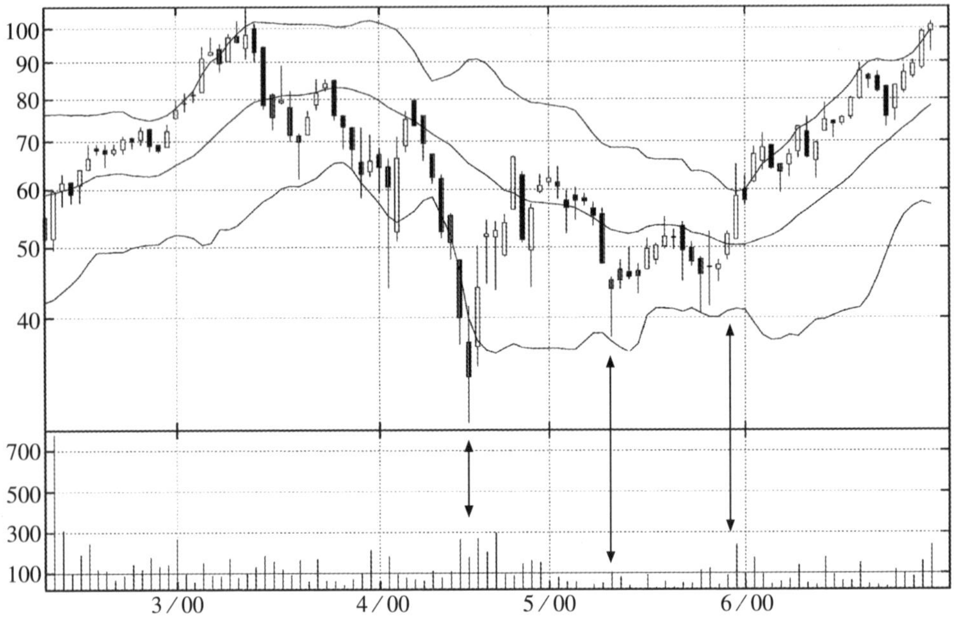

图 10.4 W 底、布林通道和成交量的确认

艺术科技集团，100 天。第一个最低点的成交量很强，第二个最低点的成交量弱，强成交量伴随着上涨

顶部和底部并不一样，顶部形成的时间更长，需要 3 波（或更多）上推才能完成模式，两波上推是不够的。这样的顶部就是头肩顶模式。

布林通道可以确认图表上的模式。理想的 W 模式的第一个最低点处于下通道之外，第二个最低点在下通道之内。从相对的角度说，即使第二个低点比第一个最低点还低，它也不算新低。因此，即使第二个低点出现时的恐慌情绪没有第一个低点严重，也是可以交易的，以等待上涨。

为了区分这些模式，动量上的最高点和最低点发生在价格的最高点和最低点之前，尤其是在下跌的时候，第一次新低要加速，此时动量是最高的，高成交量会确认这点。然后是上涨，再下跌，创出低点，也许价格能创出新低，但动量会大大减少，成交量也会减少。很多时候，动量的顶和底在布林通道之外，随后的价格顶和底则在布林通道之内。

关于顶和底的另一个思维就是过程会消耗动量。除了本书谈到的成交量指标，动量指标在分析过程方面也很有用。有一个有用的分析方法就是同时使用成交量指标和动量指标（图 10.5）。两个指标相对独立运作，一旦它们的信号是一致的，它们就对股票的未来提供了高度信心。

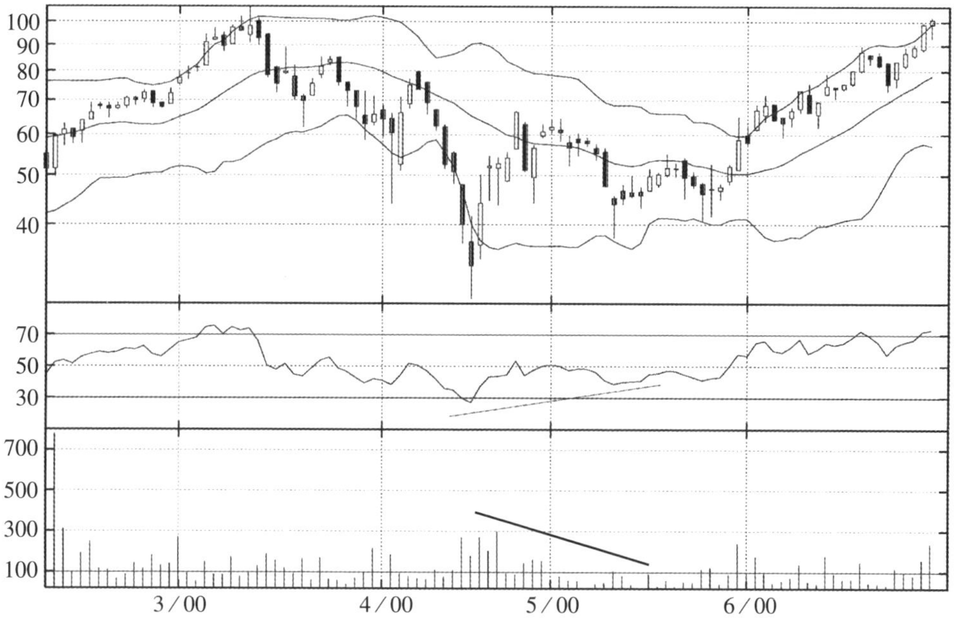

图 10.5　W 底、布林通道、成交量指标和动量指标
艺术科技集团，100 天。再次测试低点时，动量指标和成交量指标都比较小

虽然布林通道的重要作用之一是分析顶部和底部，但它还有识别其他模式的作用：确定持续的趋势、定义交易区间、识别收缩现象。

模式识别是技术投资成功的关键。布林通道，尤其是结合了指标的布林通道，是模式识别的关键。下一章讨论的区分模式的方法能让你在各种市场状况中站稳脚跟。

要记住的要点

- M 模式和 W 模式是最常见的模式
- 模式常常是分形
- 可以用布林通道来确认模式
- 第一次最低（高）点在通道外，第二次低（高）点在通道内，即使第二次创出了新低（高），它也是典型的反转模式
- 成交量指标和动量指标对分析顶和底很有作用

第十一章

5 点模式

可以这么说，几乎所有的股票价格模式都可以用简单的工具来分类，这个工具就是价格过滤器。过滤器的方法就是在图表上连接最高点和最低点，在这些点位之间的波动会超过特定的点数，或百分比，百分比更有用。分别叫点数过滤器和百分比过滤器。

一个好的点数过滤器，对于道琼斯工业平均指数来说是 100 点，对 IBM 来说，是 2 点。随着价格水平的变化，这些固定的点数也在变化，代表不同的百分比值。通常认为在所有的价格水平使用经济价值一样的百分比过滤器比较好。当然了，对股票来说，点数过滤器并非没有价值。8％的过滤器是 10 点的 0.8 点，是 100 点的 8 点；而 8 点的过滤器是 100 点的 8％，是 10 点的 80％。由于股票价格变化大，所以结果变化也大，因此点数过滤器在股票之间无法比较。

对股票来说，2％～10％的过滤器比较好用，可比性也好。图 11.1 至图 11.6 说明了不同的百分比过滤器的作用。每张图表的数据是一样的，但使用的百分比过滤器的百分比值越来越大。然后形成的折线消除了一些越来越大的噪音，直到最后一个例子——图 11.6——整个图就是一个大波动。使用这些波动图的目的是有效地过滤掉价格，以在没有失去重要信息的前提下确认模式。

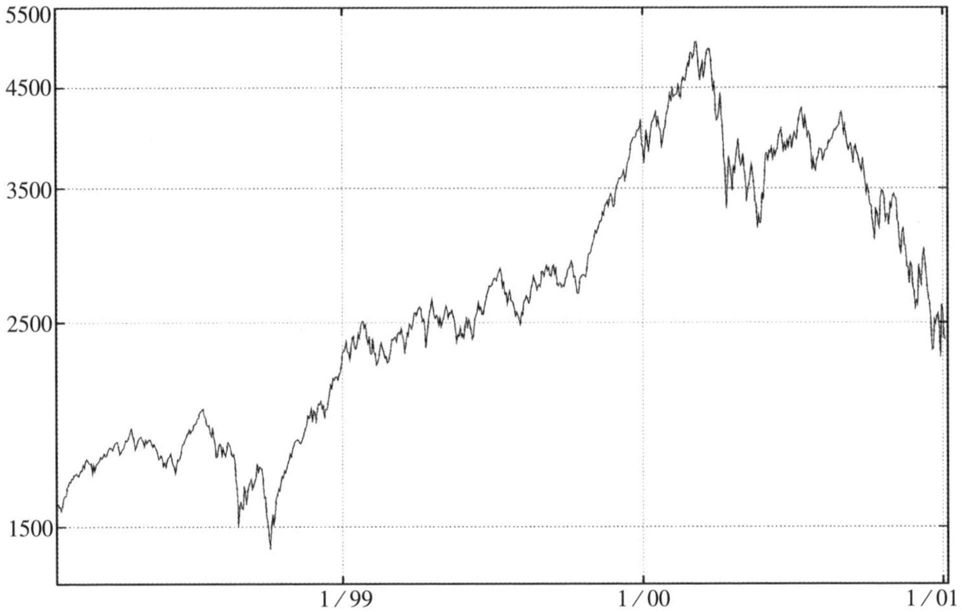

图 11.1　纳斯达克指数

3 年，没有使用过滤器。原始数据

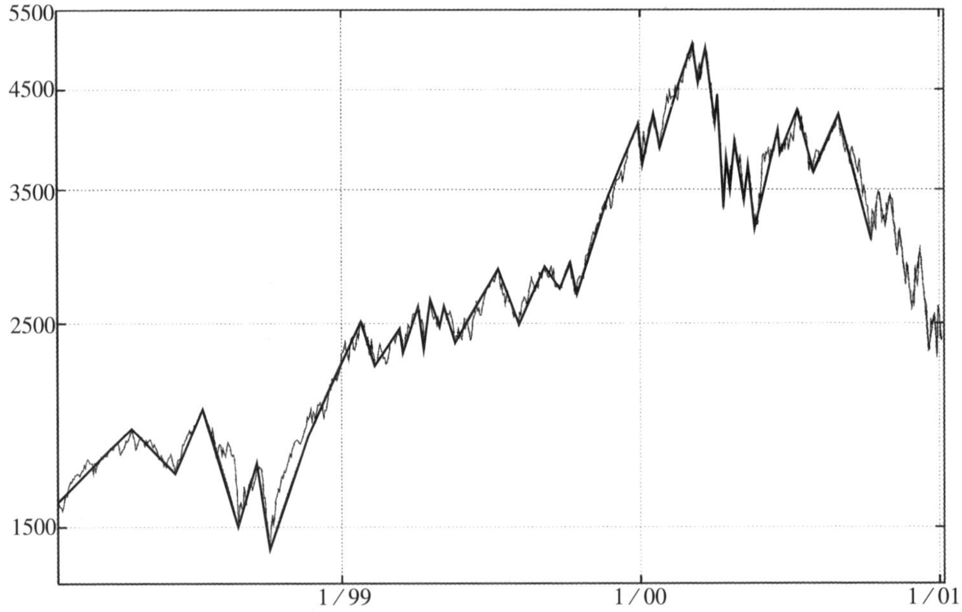

图 11.2　纳斯达克指数

3 年，5%的过滤器。过滤器开始让事情变得清晰了

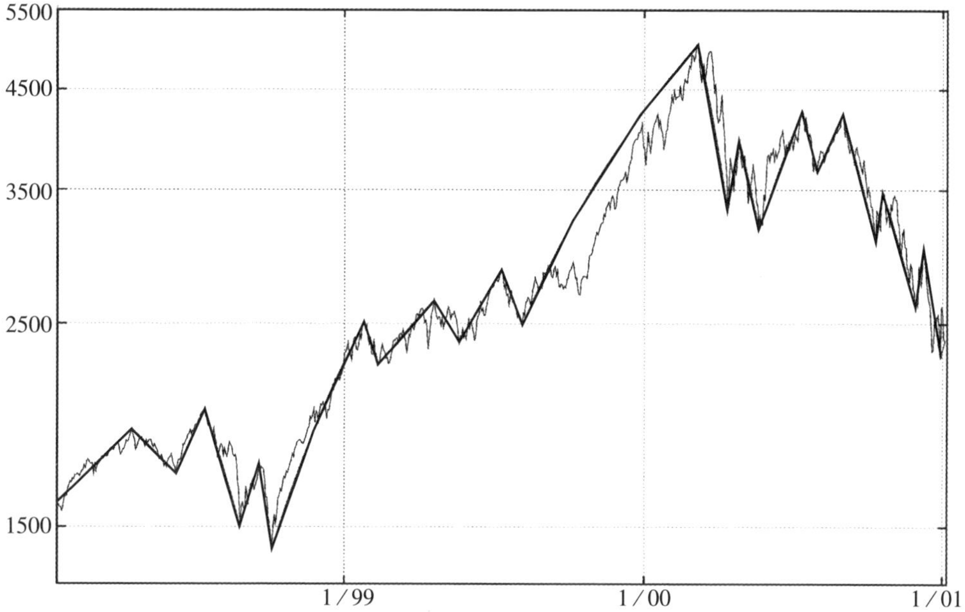

图 11.3 纳斯达克指数
3 年，10%的过滤器。显示了重要的波动

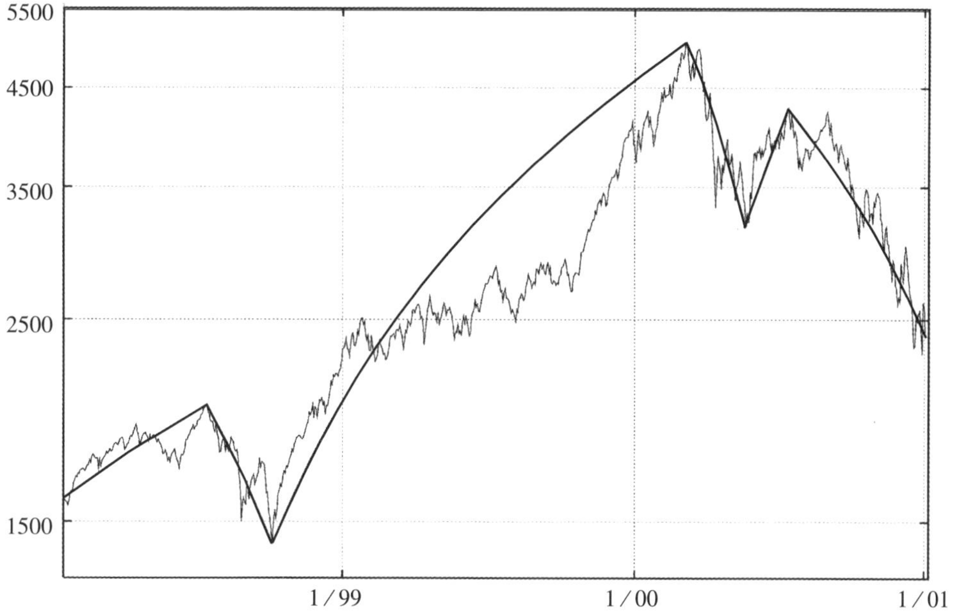

图 11.4 纳斯达克指数
3 年，20%的过滤器。过滤过头了——重要的细节被漏掉了

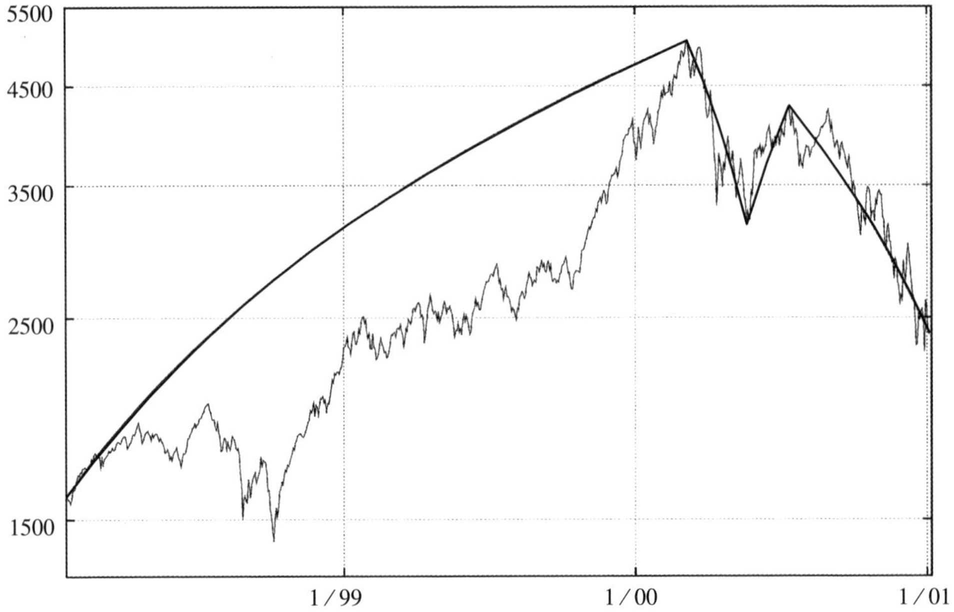

图 11.5　纳斯达克指数

3 年，30％的过滤器。仅仅显示了大视野（过滤器曲线失去了标准）

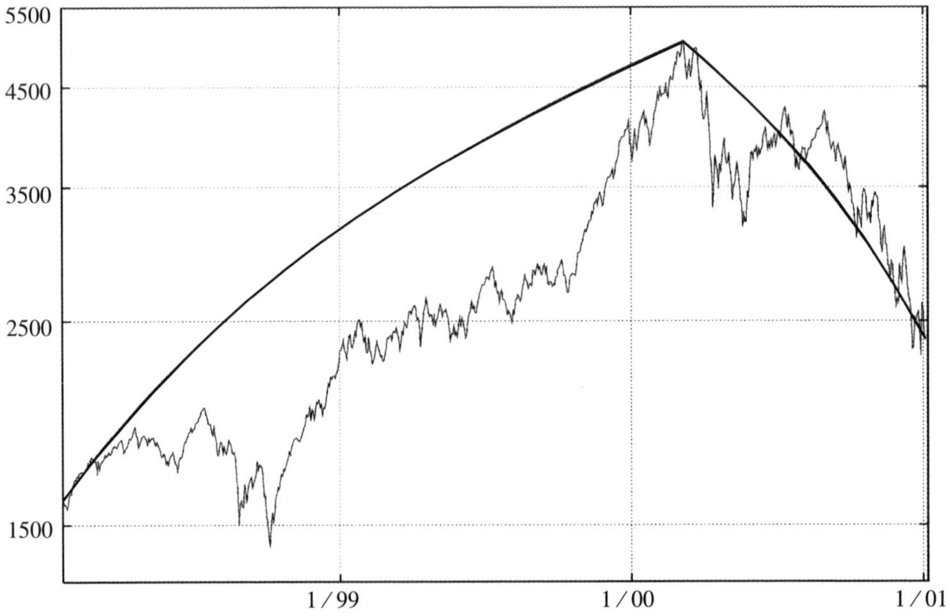

图 11.6　纳斯达克指数

3 年，40％的过滤器。过滤过头了，根本没有信号

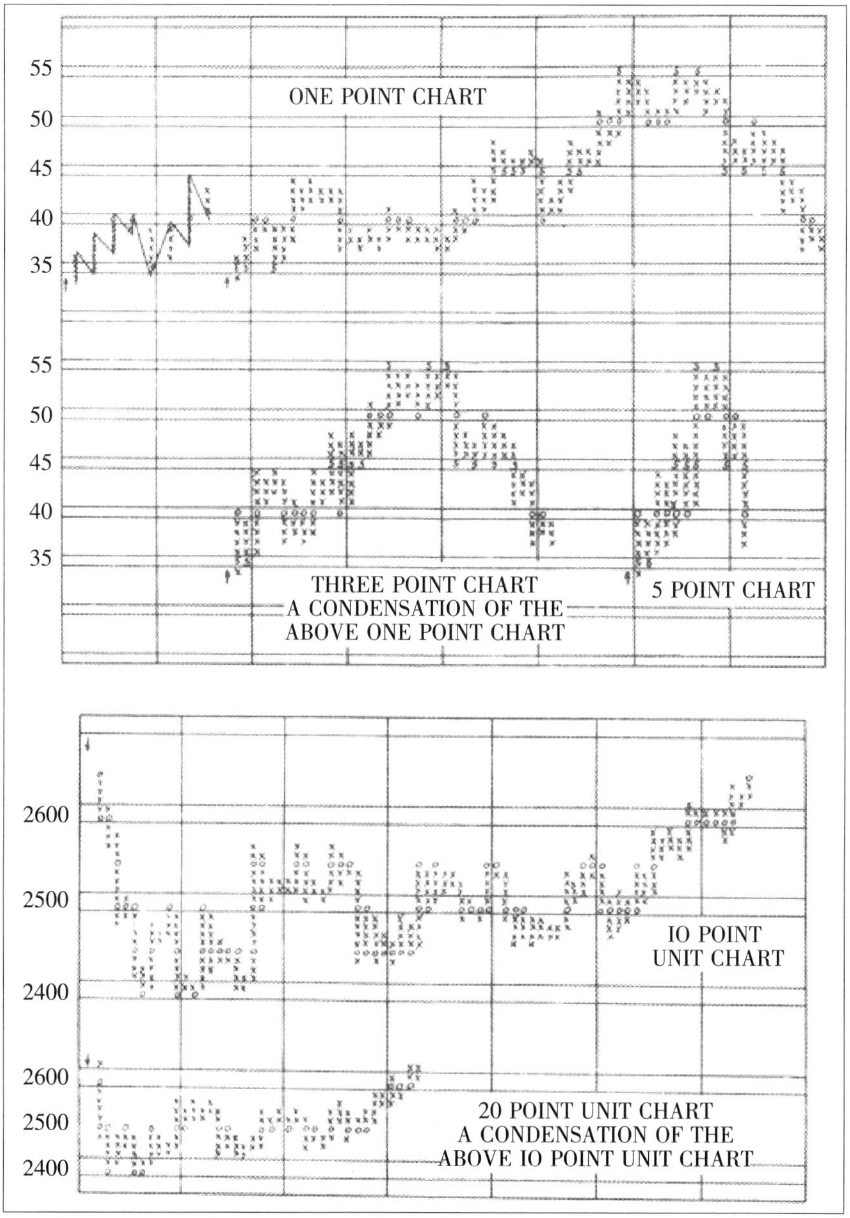

图 11.7　惠伦的点数图

（来源：亚历山大·H·惠伦的《点数图技术学习指导》。1947 年摩根公司出版，1989 年弗雷泽出版）

另外一种过滤方法类似于折线图或波动图，那就是点数图。也许点数图是西方最古老的画图方法，它仅仅建立在价格波动的基础上，它的记录没有时间或成交量。点数图画在方格纸上，上面有很多格子，每个格子对应着左边的价格，价格画在左边的 y 轴上。

最早的点数图于 19 世纪初出现在书本上，当时叫“数字图”，场内交易者一直在使用。现在的画法是，上涨时画 X，下跌时画□。最原始的“数字”图使用真实的数字——3，21，57 等等——真的写在小圈里以记录价格的波动。当时的场内交易者用手把它们画在交易单的背面。后来的点数图就有了 X，上涨或下跌都用 X，如果收盘价是以 0 或 5 结尾的，就要加上 0 或 5。分析师维利尔斯和惠伦都使用这个方法（图 11.7）。

现在记录点数图的方法很简单，可以轻松地用手画出来（图 11.8）。价格上涨时，就向上画 X；价格下跌时，就在右边向下画 O（张铁注：图中实际画的是小正方形）。如果要判断反转，首先要确定每个格子的格值（译注：也就是图中的虚线点之间的距离），也就是说，在图表上，每个格子代表多大的价格变化，确定好了以后，再确定几个格子作为反转的依据，一般是 3 个格子。这样，当 X 变到 O 超过了 3 个格子，那就是向下；如果从 O 到 X 超过了 3 个格子，那就是向上反转。

使用点数图的人一直被一个问题困扰，那就是如何选择合适的过滤器，即如何给格子赋值。他们通常根据股价使用一个原则：在比较低的价格水平，每个格子代表 0.25 点或 0.5 点；在比较高的价格水平，每个格子代表 0.5 点或 1 点。对于 10 美元的股票，也许每个格子代表 1 点；对于 80 美元的股票，也许每个格子代表 1.5 点。画图艺术公司是亚伯・科恩创立的，他公司的画图方法被接受的程度最广。表 11.1 就是画图艺术公司对格子的赋值大小建议。

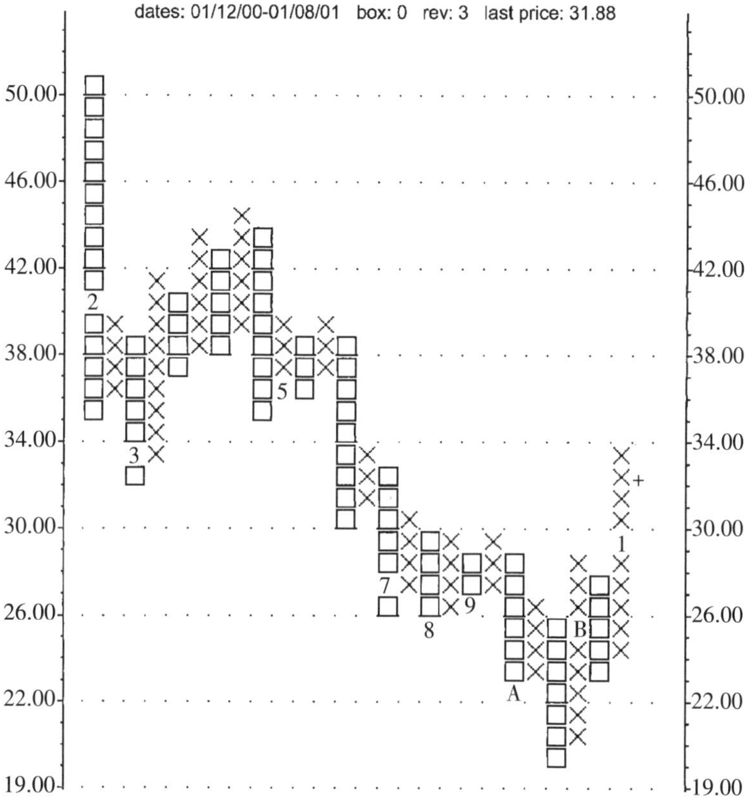

图 11.8 现代的点数图
IBM 公司，1 年

表 11.1 画图艺术公司推荐的针对股票的格子赋值大小

股价范围	格子大小
5 美元以下	0.25 点
5～20 美元	0.5 点
20～100 美元	1 点
100 美元以上	2 点

为了捕捉到从下跌到上涨的波动，在使用画图艺术公司的时候要把 3 个格子作为门槛，这样在使用比较大的过滤器时，也不会漏掉重要的细节。所以，在使用画图艺术公司的方法时，对于 10 美元的股票，反转 1.5 点就能改变波动方向（0.5 点×3 个格子）。对于

70 美元的股票，6 点的反转才能改变波动的方向（2 点×3 个格子）。（张铁注：此处原文似乎有错，根据表 11.1，对于 70 美元的股票，应该是 1 点×3 个格子，也就是 3 点就能确认反转。）

这个方法的主要问题是变化太多——价格突然发生了大的变化。比如，一只 19 美元的股票，采用 0.5 点的格子，1.5 点的波动就会反转；一只 20 美元的股票，采用 1 点的格子，3 点的波动才能反转。通常，随着价格的上涨，反转所需要的百分比会降低，但有时候更高的价格会引起更高百分比的反转。比如 19 美元的股票，需要 7.8%的波动才会反转；而 20 美元的股票，需要 15%的波动才会反转。股票要先涨到 40 美元，才会发生 7.5%的反转。

为了避免传统原则引起的麻烦，我开发的布林格子可以实现平滑地确定格子大小。要想开发布林格子，我需要把自从惠伦到科恩的方法都用上，并制成表格。原则如下，x 轴是价格，y 轴是以百分比表示的格子大小。按照这些原则就能生成阶梯线，这个阶梯线

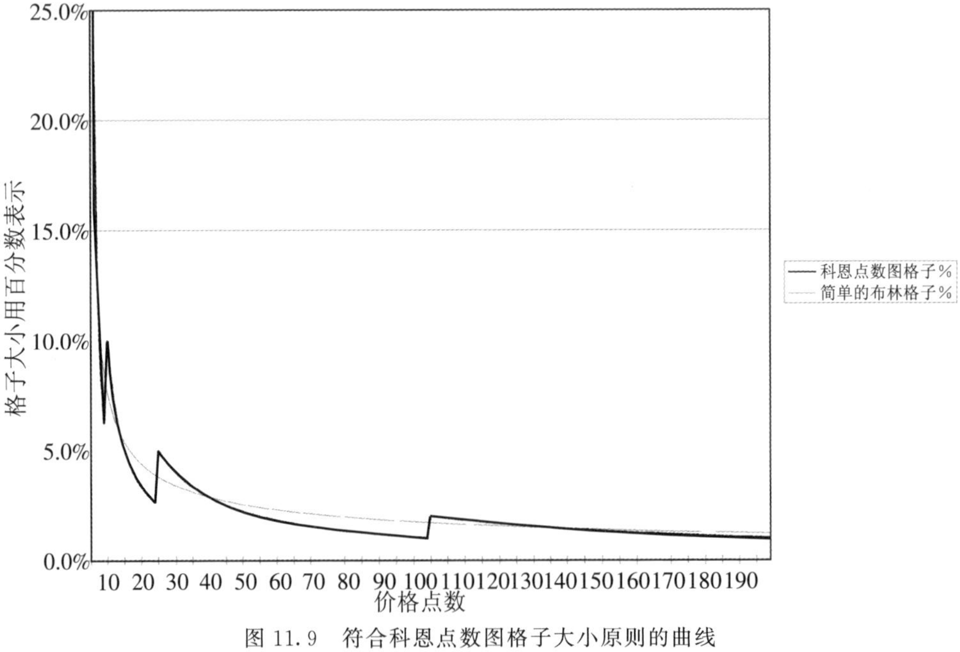

图 11.9　符合科恩点数图格子大小原则的曲线

可以用一个曲线来拟合（图 11.9）。这样，对于任意一个定义格子大小的方法，曲线公式都能计算出来。这个过程说明了理想的格子大小可以简化为最近价格的平方根的 17%（表 11.2）。

表 11.2 简化后的布林格子大小（0.17×最新价的平方根）

股票所在价格水平	反转所需的百分比
$4.5	8%
$8	6%
$18	4%
$69	2%

为了控制好计算结果，要使用平方根原则。伯顿・奎恩 1959 年在他的书《有经验的投资者》中最早提到了平方根，他引用了佛瑞德・麦考利发表于《纽约时代》杂志的文字。平方根原则认为波动性就是价格的平方根。市场波动一点，价格的平方根也相似地变化。对于低价品种，这个原则能产生高百分比的收益；对于高价的品种，这个原则能产生高点数的收益。从这个角度来说，低价股的波动性比高价股大，直觉上也是如此。总体而言，低价股涨的百分比和跌的百分比都比高价股大。

其他的历史画图方法会有一些变化，但它们和平方根原则的结合几乎是完美的。

过去画点数图时要确定格子的大小，这是比较麻烦的，使用布林格子则比较方便。如果使用电脑更方便，如今所有的技术派都在使用电脑了。

我们已经找到了一个理想的过滤股票价格的方法，现在则要给上涨模式分类。罗伯特・利维在 1971 年第一个提出系统地给价格模式分类。他使用 5 点模式，并根据股票的波动性给它们分类，然后测试这些模式。虽然他并没发现这些模式有什么预测能力，但他留下了一个有力的工具，那就是 5 点模式。

这个方法被搁置了 10 年，直到后来的亚瑟・A・美林又把这个工具捡起来了，并于 20 世纪 80 年代初出版作品说明了这个工具的积极效果。他使用的是同样的 5 点方法，但没有使用利维的波动过滤器，而是使用了 8%的过滤器。他把模式分为两组，16 个模式和大写的 M 模式相关，另外 16 个模式和大写的 W 模式相关。

美林分类的方法是按照点数从高到底的顺序，形状则像 M 和 W。M1 是强烈的下跌模式，中间模式 M8 和 M9 则是震荡模式，M16 是强烈的上涨模式（图 11.10）。同理，W1 是下跌模式，中间的 W8 是震荡模式，W16 是上涨模式（图 11.11）。

你会在本书的后面看到这些模式。美林进一步说明了有些模式是可以预测未来的。你可以看他的书《M 和 W 波浪模式》以了解更多知识。美林还根据市场技术的方式给一些模式做了传统命名（表 11.3）。

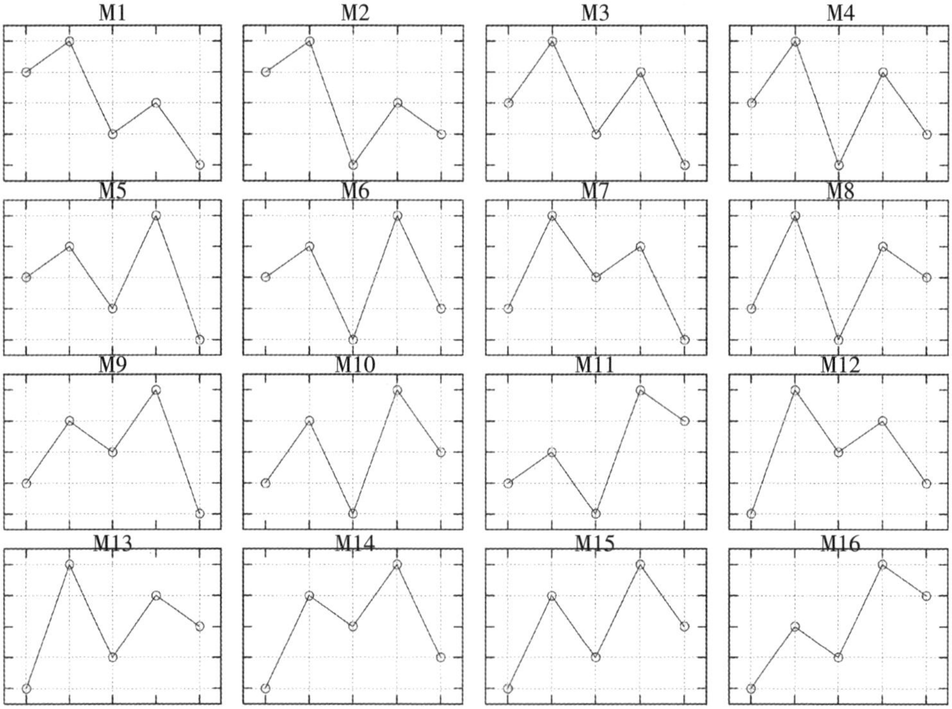

图 11.10　亚瑟・美林的 M 模式
（来源：1983 年亚瑟・A・美林的《M 和 W 波浪模式》）

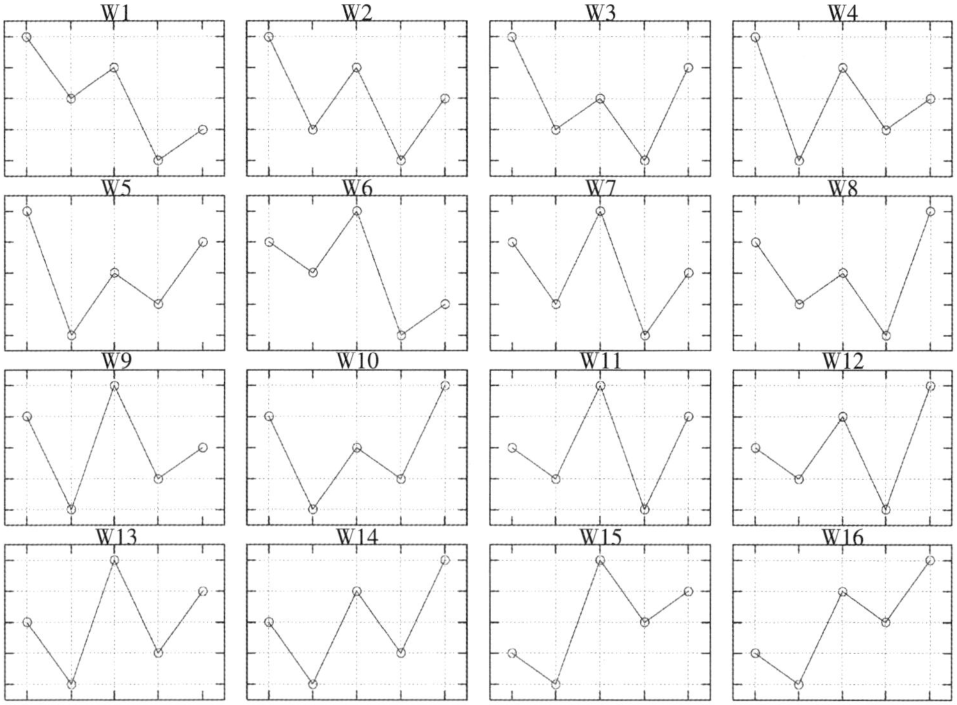

图 11.11 亚瑟·美林的 W 模式
（来源：1983 年亚瑟·A·美林的《M 和 W 波浪模式》）

表 11.3 美林对 M 和 W 模式的分类

技术模式	美林的模式
上涨趋势	M15，M16，W14，W16
下跌趋势	M1，M3，W1，W2
头肩	W6，W7，W9，W11，W13，W15
反向的头肩	M2，M4，M6，M8，M10，M11
三角形	M13，W4
变宽	M5，W12

美林使用固定百分比过滤器，利维则使用波动性去过滤模式。我则喜欢结合两者，用布林格子过滤波动，用波动性预测未来的行情。实际上，像模式力量这样的机构平台都在使用这个方法，它的

网站是 www. PatternPower. com。

关于M和W模式，一个重要的方面就是可以用布林通道和指标来确认。在随后的两章里（第十二章和第十三章）我将分别讨论M模式和W模式。因为它们的特征本身就不同，我将讨论如何结合布林通道来提高预测的准确性。在第十四章将加入一些指标。

要记住的要点

- 价格过滤器可以用来过滤噪音并确认模式
- 对股票来说，百分比过滤器最好
- 布林格子是一个超级好的过滤方法
- 所有的价格模式都可以用一系列 M 模式或 W 模式来分类

第十二章
W 底

从现在开始，我用 M 和 W 模式描述价格的波动。先谈底部形态。底部和顶部相比，更干净、更清楚、更容易分析。造成这种区别的心理原因是，底部环境充满了恐惧和痛苦，顶部环境则充满了疯狂和希望。因此底部的形状都是棱角分明的，形成的时间少，更容易识别。毕竟，痛苦是一种比快乐更持续一致的情绪。因此，顶部时间更长、更难分析。相对于底部而言，投资者觉得在顶部没有必要那么着急地行动。

我在研究的时候，测试了最高点和最低点之间的价格模式。以双重底和三重顶为原则，发现形成顶部的时间比形成底部的时间要长。这确认了华尔街的说法“跌的比涨的快”，这从心理的角度也好理解。

股票很少快速地从下跌变成上涨。通常情况下，它们先上涨一点，再下跌，去测试支撑区，然后再上涨。这个过程产生的模式就叫双底，或叫 W 底（图 12.1）。W 是常见的上涨模式，但并非唯一模式。还有一种少见的模式，那就是股票急跌到新低，涨一点点，然后就飞奔而上了。股票 V 形上涨，一般是因为突然出现了好消息，打破了下跌的趋势，并快速反转。更常见的现象是股票跌到新低，然后长期横盘震荡，最后才上涨——也就是打基础。通常是因为这只股票的基本面有问题，它需要时间整顿一下。然而，出现频率最高的就是 W 底，出现新低，测试新低，然后再上涨。这是因为股票的基本面没问题了，或问题不大，或提前解决了大问题，所以股票完成一个修正动作。

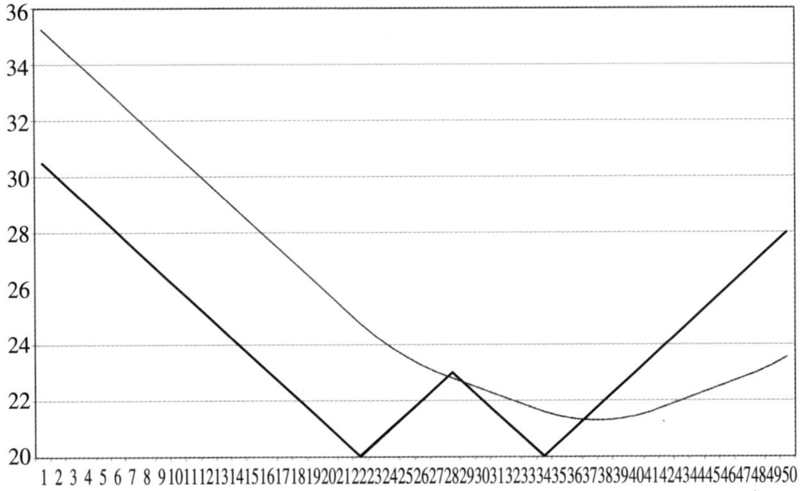

图 12.1　理想的 W 模式手画图

典型的 W——均线阻止了第一次上涨，但没有阻止第二次上涨

图 12.2　向左倾斜的 W 模式

《纽约时代》公司，200 天。在更高的价位再次测试

我们能看见很多种模式，每种模式后面都有自己的情绪色彩。W 的形状可以向左倾斜（图 12.2）、不倾斜（图 12.3）、向右倾斜（图 12.4）。每一种都可以用美林模式来解释，每一种都有它特定的心理模式。W 向左倾斜时，投资者还在等待合理的再次测试，结果价格涨上去了，此时的情绪是挫折。W4、W5 和 W10 是很好的例子。W 不倾斜时，投资者在再次测试时买入，然后立刻获利，情绪上是满意的。W 向右倾斜时，大众感到恐惧和不安。W2、W3 和 W8 是很好的例子。在之前的低点买入的投资者会吓得出场，只有少数人有勇气再次进场，同时，第二个新低把想进场的钱吓走了。威科夫（也就是技术分析师理查德·D·威科夫）称之为春天。

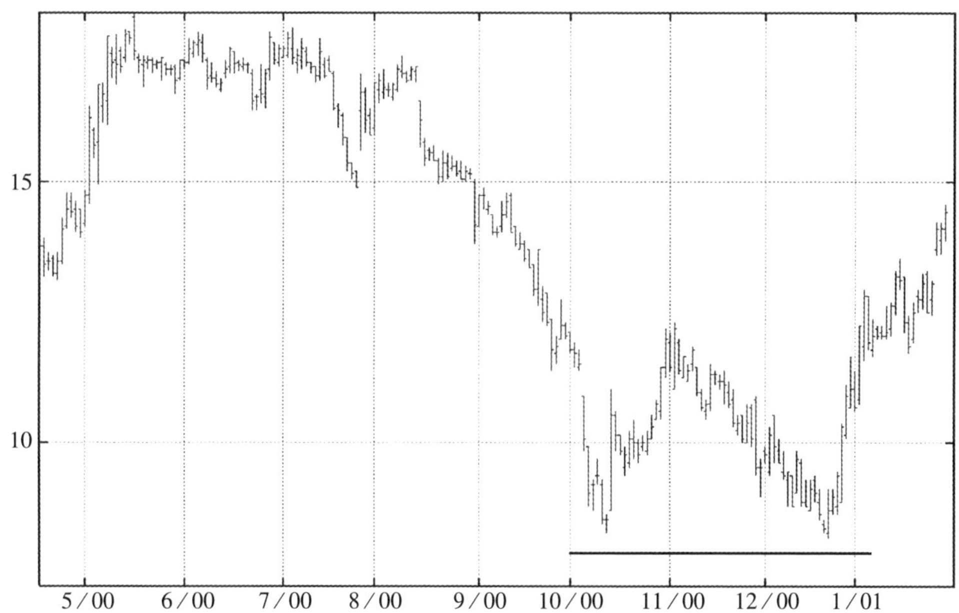

图 12.3　正常的 W

杰西潘尼公司，200 天。再次测试同样的水平

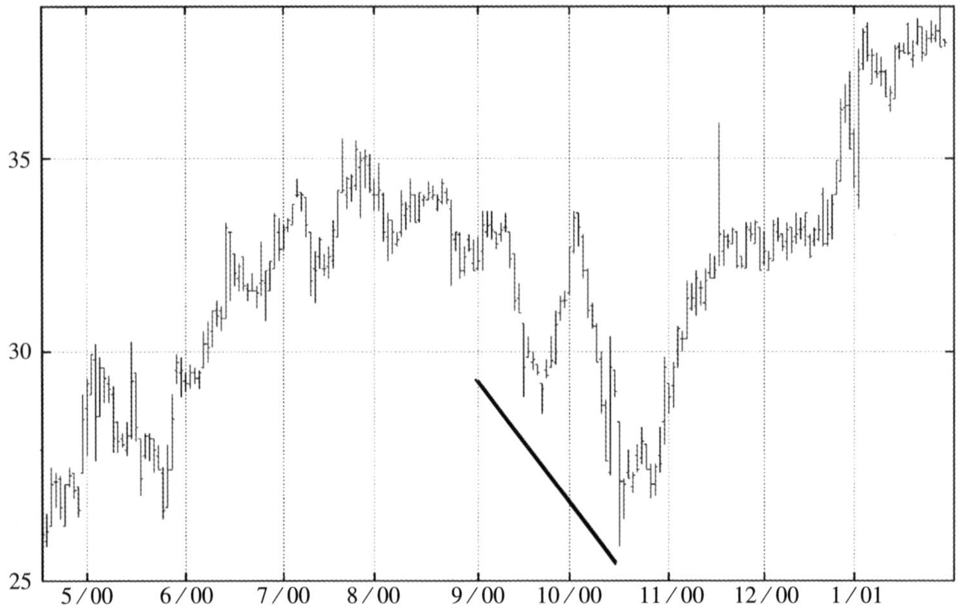

图 12.4 向右倾斜的 W
喜达屋酒店集团，200 天。再次测试更低的价位

通常情况下，第一个低点，要么和下通道接触，要么在下通道之外（图 12.5）。上涨会把价格带回到通道内，价格常常会碰到或超过中通道。然后，再次测试就会发生在下通道之内。记住，我定义的最低点是指下通道。如果第一个最低点在通道外，第二个低点在通道内，那么即使第二个低点比第一个最低点绝对值低，但我们理解为更高。一个绝对的 W8 也许会变成相对的 W10，这个形状更好处理。所以，布林通道能够帮助你分析最善变的形状，震荡洗盘，并做出行动，此时是最有可能赚钱的。

有时候第二个最低点会刺破下通道（图 12.6）。这样就不符合我的分类标准了，就不是正规的 W 模式。请再次阅读第四章关于“长期有效的方法”的讨论，此时，未确认的信息也许会害了你。

价格不必在下通道之外才是有效的 W 底（图 12.7）。再次测试的价位比较高。也就是说，价格在第一次下跌时，向下通道跌去，但并没有碰到下通道，然后又回到下通道和中通道进行再次测试。%b 指标能帮助判断这种情况，后面会谈的。

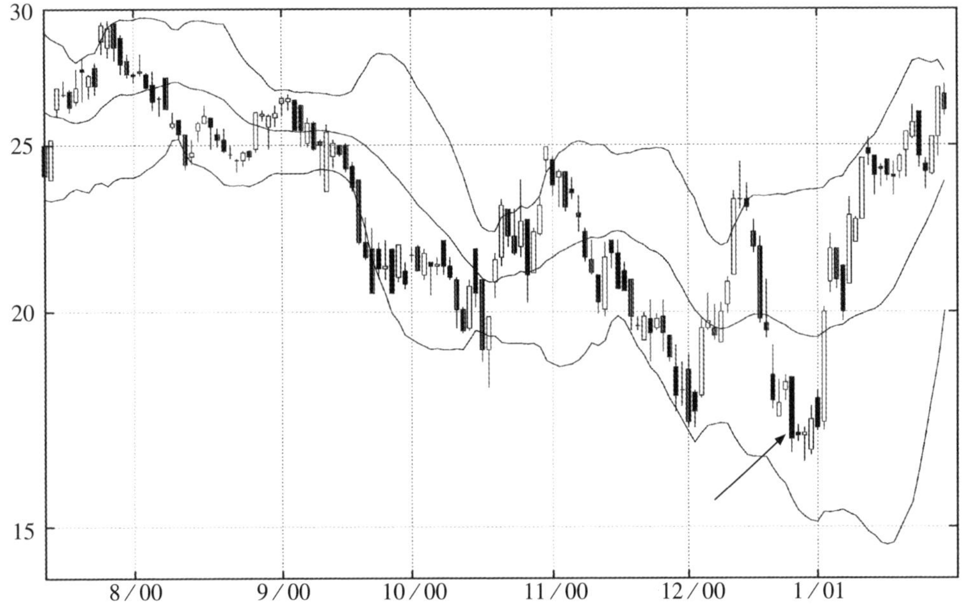

图 12.5 W 底的布林通道

美国电话电报公司，140 天。绝对值的新低，但不是相对的新低

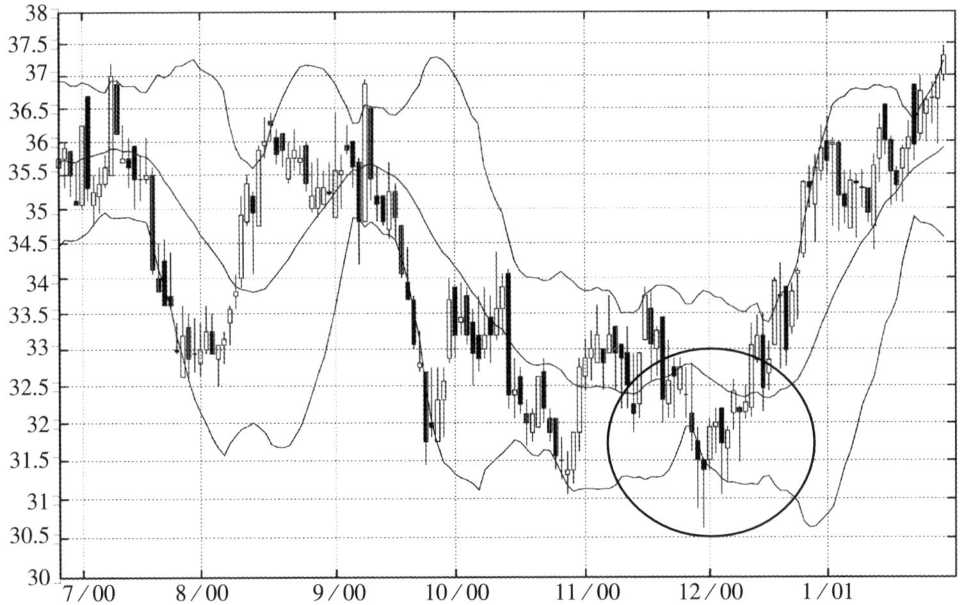

图 12.6 W 底的价格破了下通道

阿什兰公司，150 天。价格刺破了下通道，破坏了我的原则

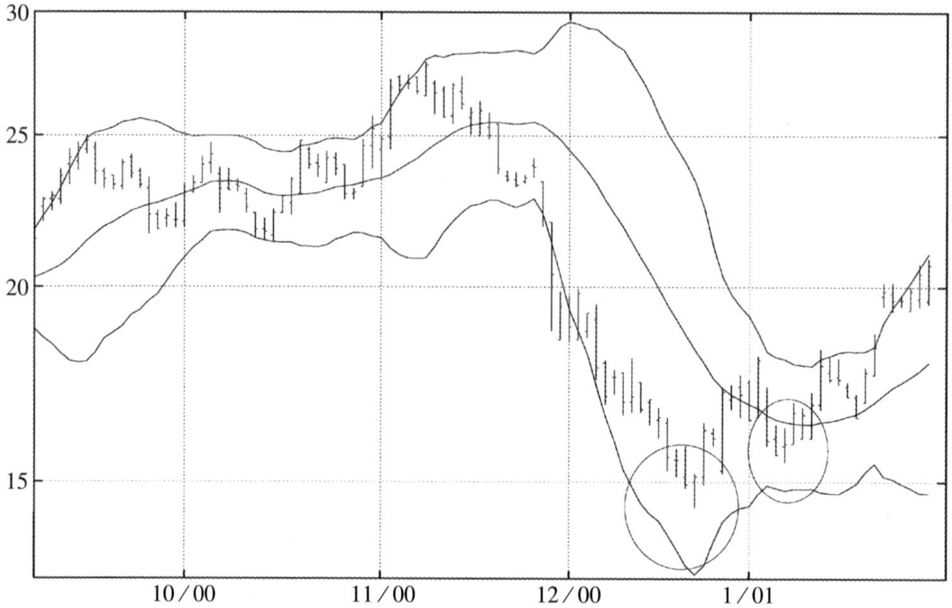

图 12.7　W 底的两次下跌都没有刺破下通道
有限公司，100 天。W 模式完全在通道内

通常，像双底，或 W 模式，它们里面会包含更小的形状，尤其是把时间框架放大看的时候。所以，如果你想在日线图上确认底部模式，你可以转到 60 分钟图去确认。

现在你已经了解了 W 模式——下一步做什么？在强势时买入。等待上涨的那天，涨幅要比平均振幅大，成交量也要比平均成交量大，然后就买入（图 12.8）。这天确认了你的分析，目标就是上涨。

你的止损点应该在最近的低点之下——W 的右边——随着股价的上涨，止损点要上移。你也可以使用韦尔斯·韦尔德的抛物线系统，这个系统每天都上移止损点，你也可以手动设置止损点，把止损点设置在最近的整固或回调的最低点下面。

你设置止损点的空间会影响你的业绩。止损点太紧会导致很多交易，止损点太松又会造成很多利润回吐。

最好的建议是，一开始把止损点放宽，然后根据自己的风险回报承受能力慢慢地收缩止损点。

图 12.8　W 底在强势上涨时买入

雪佛龙公司，150 天。成交量暴涨，再加上当天涨幅很大，这是 W 模式的买入信号

我在分析最低点的时候发现，同样的形态对应的基本面和心理因素都是相似的。由此想到了技术分析的目标：确认市场中的概率。要想实现这个目标，我们必须相信我们看见的模式，要想相信，我们必须了解这些形态下的各种因素。技术分析不是单独的科学，它是对受基本面和心理因素影响的投资者做出的行为的描述——更准确地说，是受期望驱动的。

技术分析就是使用多种投资方法，有些很明确，有些很模糊，有些则不好理解。只有模型符合了实际，它才有用。比如，向右倾斜的 W 底常常会变成反向的头肩模式（图 12.9），上涨以后，最后测试支撑区时——价格再波动几次，W8 就变成了 W14 或 W16。简单地说，本来在上涨，但有人产生了怀疑，开始兑现利润，造成了下跌，因此形成了右肩。头肩形状更符合顶部形状，我会在下章讨论。

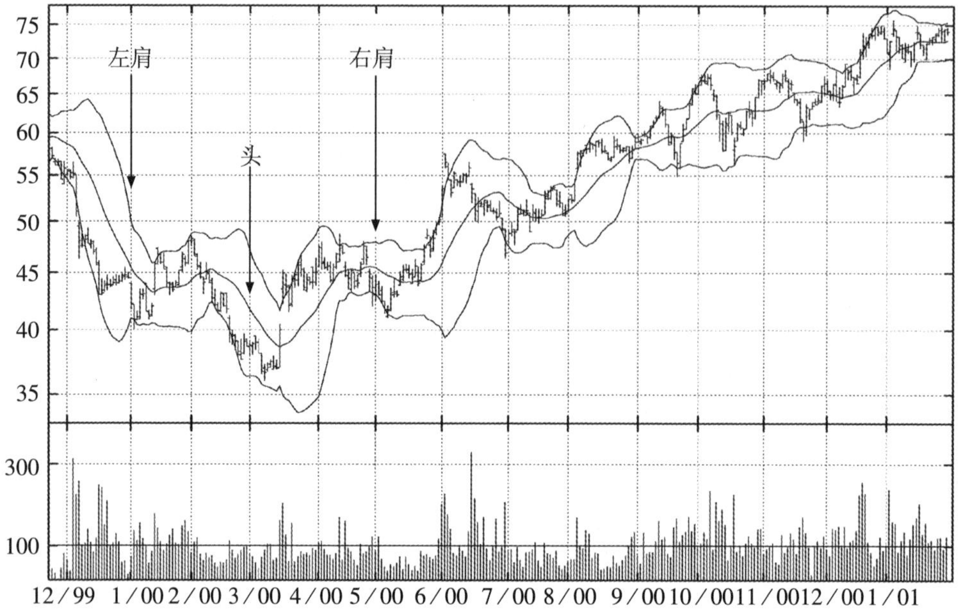

图 12.9 头肩模式，W8 和 W10

PNC 公司，300 天。一个复杂的 W 也许就是头肩形态

要记住的要点

- **W 底和它的变形是最常见的**
- **V 形底也会发生，但很少发生**
- **W 也许会变成底部，而不是反转**
- **布林通道能帮助确认 W 模式**
- **W 形成以后，在强势上涨时买入**
- **设置跟踪止损以控制风险**
- **www. BollingeronBollingerBands. com 网站每天列出了符合潜在 W 底的股票**

第十三章
M 顶

顶部和底部完全不同，M 和 W 不同，速度、波动、成交量的定义都不同。因此，顶部和底部不能一一对应。它们的模式是心理的反应。恐慌更严重，比贪婪更甚，所以在图表上的恐慌看起来更清楚。大部分的典型底部是双底，或 W 底，而顶部则更复杂，比较典型的是三重顶。就像恐慌的底部一样，尖顶的现象也会发生，但相对很少。最常见的顶部是 M 形的顶部，或叫双重顶。一般的表现是上涨，回调，测试阻力区失败，下跌。而更常见的是三重顶，其中一个变形是头肩顶（这是广大投资者常见的技术术语）。

头肩模式（图 13.1），其中上涨和随后比较浅的回调形成左肩。再继续上涨，形成头部，然后回调到第一个回调到达的价位。M15 模式很像这个阶段。然后又是上涨，但失败了，没有创出新高——理想状态是在前一个最高点的附近——然后下跌，并跌破回调的最低点——这个点位叫颈线——以形成右肩。价格再波动两次，就像是从 M15 变化到 M12 或 M7。这个形态的最后一步就是反弹到颈线附近。再波动两次后，我们就得到了 M1 或 M3 模式。从此以后价格就要持续下跌了。头肩顶的成交量也有典型的特征——左边的成交量大，中间的成交量减小，但下跌时，成交量又开始增大。

价格模式，成交量都和内在心理相关。由于流言是极度看好的，所以在模式的左边是兴奋和贪婪。成交量很大，交易活跃。在形成头部的同时还伴随着流言蜚语。虽然创出了新高，但是成交量却没有确认这点。有些人此时会根据新闻或小道消息而买入，而此时应该是“在消息出现时卖出”以兑现利润。有经验的老手在卖出，再

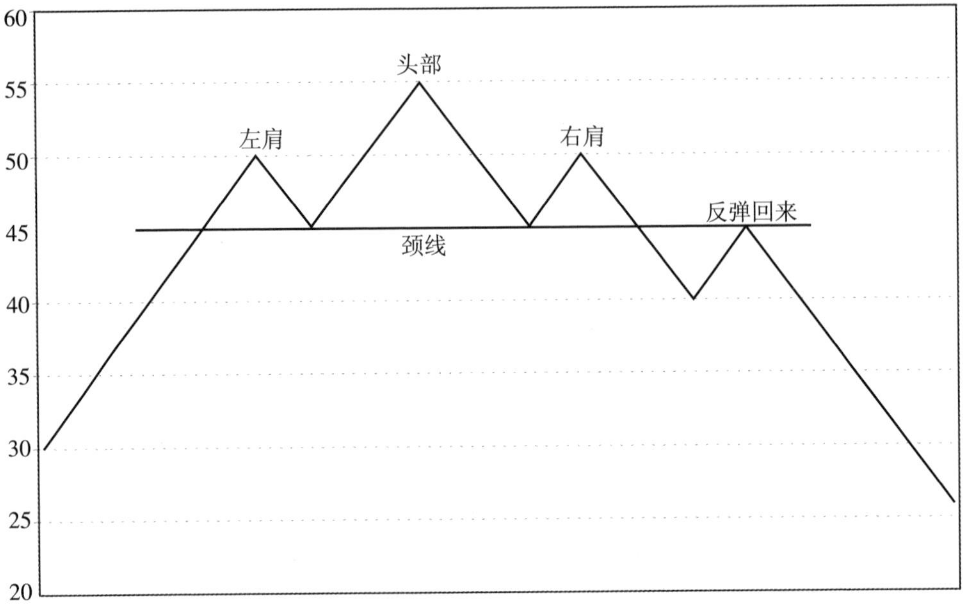

图 13.1　理想的头肩顶最常见的图表模式

加上悲观者也在做空，以形成头部的右边，悲观情绪的再次发作就形成了右肩。这里的交易是混乱的，成交量小。现在的下跌打破了颈线，成交量又上涨了，恐慌也开始了。最后，在最高点附近做空的人会回补自己的空头仓位，听说这就是反弹到颈线的原因（空头必须买回股票才能平仓）。这种反弹是最好的出场机会，后面就是更低的价格了。图 13.2 就是真实的例子。

幸运的是，布林通道可以大大地帮助分析。最简单的寻找顶部的方法就是把它们分解成更小的部分，把这些更小的部分当做一系列的 M 模式和 W 模式。这些更小的部分更容易处理，但要提前用更大的模式来思考。

典型的头肩顶应该是左肩在上通道之外，头碰到了上通道，右肩则跌落在上通道之内（图 13.3）。理想状态下，颈线、中通道和右肩会碰到一起，第一次下跌会跌到下通道。随后的反弹会弹到中通道，最后，第一次的快速下跌或刺破下通道。这是理想的状态，但看见这么完美模式的概率并不高，大部分情况下价格只是符合大部分的模式特征。

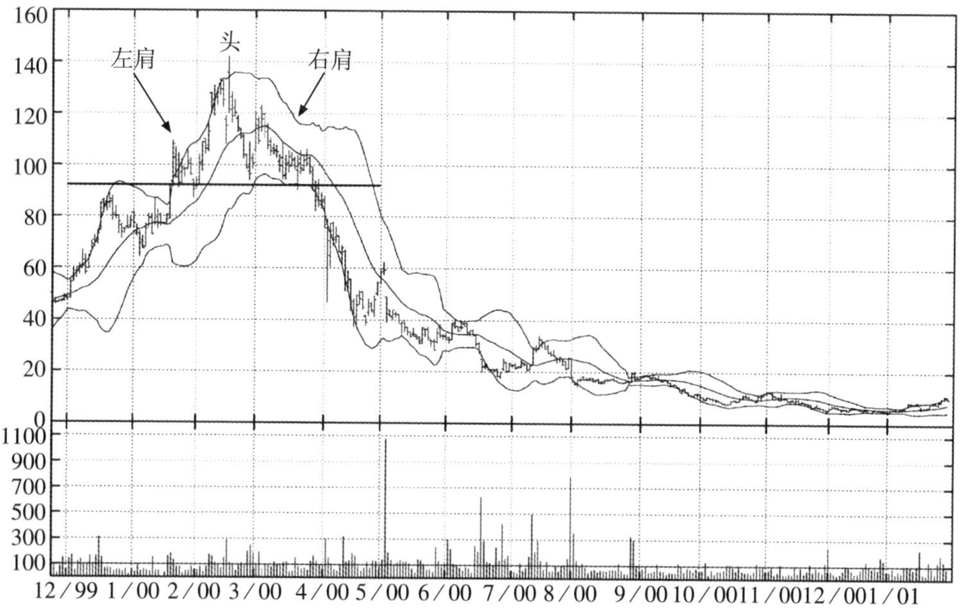

图 13.2 真实的头肩顶

威世公司，250 天。完美的头肩顶很少见，请看清那些关键的地方

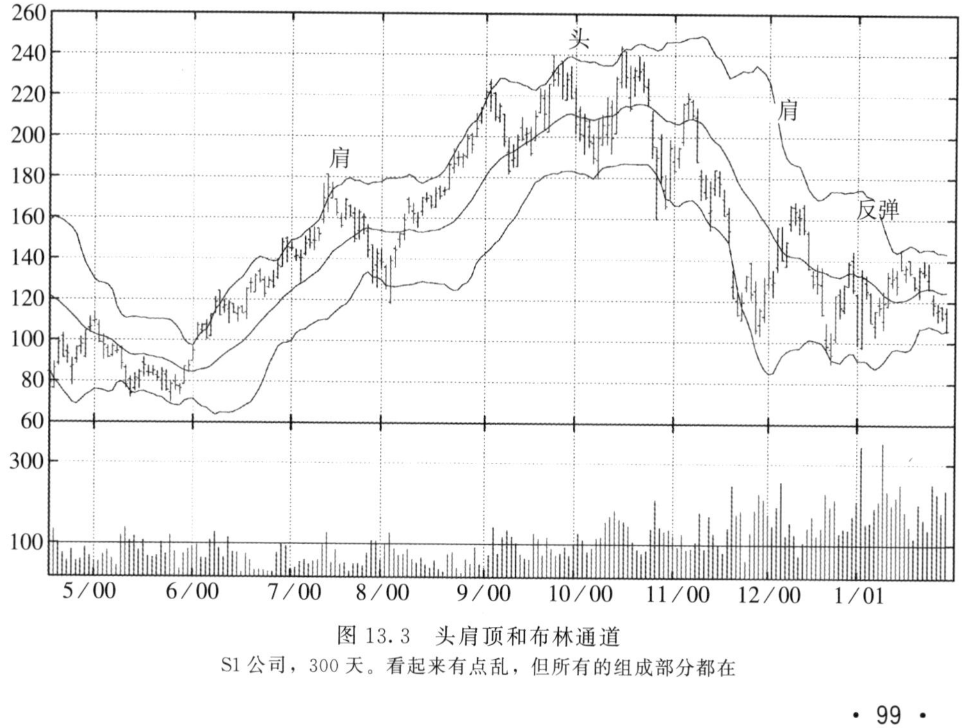

图 13.3 头肩顶和布林通道

S1 公司，300 天。看起来有点乱，但所有的组成部分都在

头肩模式有一个变形，你应该会记得，那就是3波上涨推向最高点（图13.4）。这个模式经常会形成很大、很长的顶部。尤其是第一波上涨会穿过上通道，第二波上涨会创出新高，并碰到上通道，第三波上涨会创出新高——大多不会创出新高——然后跌落到通道。在这个过程中，成交量会缩小。这说明了动量会下跌。这个模式很像M15和M16。

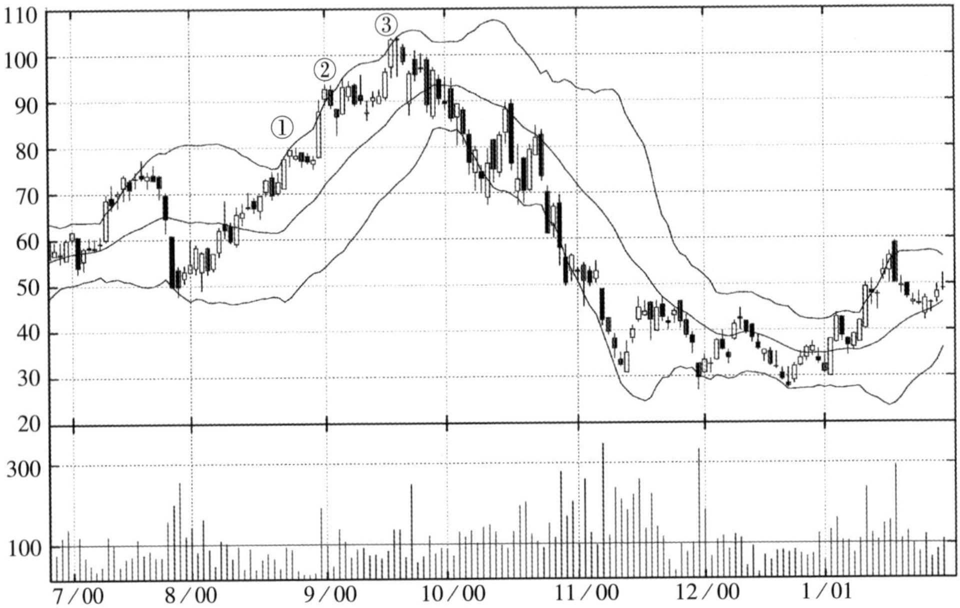

图13.4　3波上涨推向最高点

杜松公司，200天。请注意在最高点之后黑色蜡烛的优势

头肩这个形态的左边是M模式，它包含了左肩和头。M14和M15，它们的组合比较典型。头肩的中间则是另一个M模式，它包含了头和右肩。M3和M4，或M7和M8的形状像典型的右肩模式。头肩的右边还是一个M模式，它包含了右肩和反弹，很像M1或M3。然而，如果你从底部开始看，你也许会觉得这个模式像很多W组成的。W1或W2模式像反弹。

当然了，你也可以更具体地数出M和W——在一个头肩模式中有5个——并可以互相验证。但没有必要这么做，除非是短线交易者需要做什么设置。对于持仓交易者来说，观察这些形状的变化，并注意它们的倾向就够了。

和底部一样，头肩顶模式也会包含很多小的形状在里面，尤其是用更大的时间框架看更是如此。所以，如果有人在日线图检查头肩模式，他可以到60分钟图去寻找更小的模式以确认日线图上更大的模式。

一旦你找到了符合标准的形态，等价格下跌了再行动。可以通过比平均成交量大的成交量和比平均振幅要大的跌幅来判断。还有一个成功的方法，在以前的章节没谈过，那就是耐心。很多时候，在价格下跌之后，会有一个反弹，此时是最好的进场点。比如，跌破颈线后的反弹提供了一个完美的进场点（图13.5）。当然了，这个方法在底部也是通用的，只是在顶部更明显。很多专业的交易者在等待这种进场机会，他们会把止损点设置在顶部之上，这样的风险回报比是非常好的。

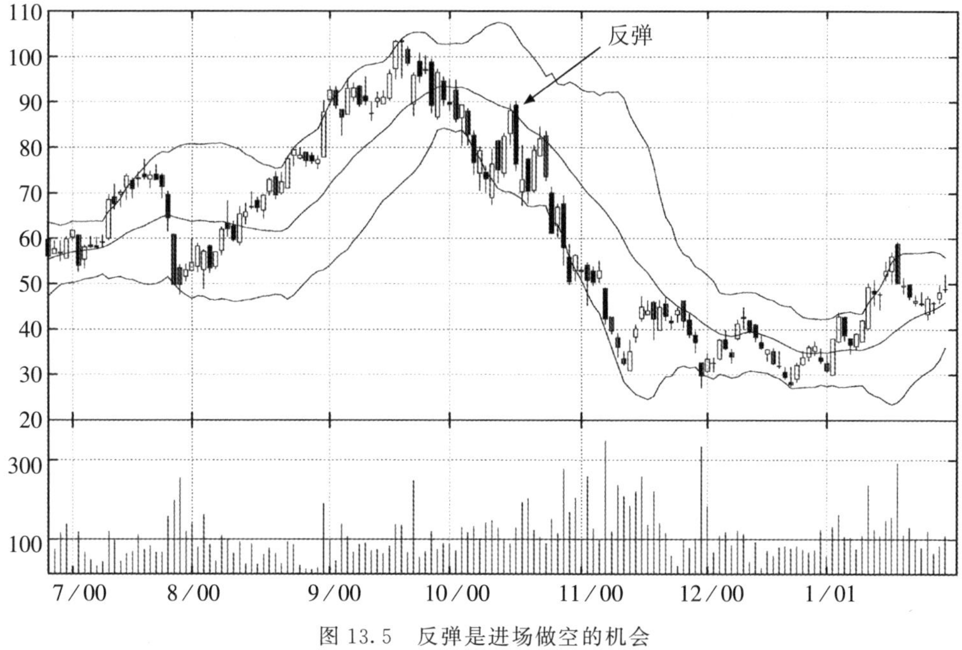

图13.5　反弹是进场做空的机会

集成设备公司，150天。那是右肩还是反弹？这不重要，重要的是它创造的低风险进场点

和底部一样，顶部也是相对的，这是关键。很多时候，即使创出了新高，你也要保持警惕。布林通道是唯一能保证成功的工具。如果在通道之外创出了新高，那么可以期待在通道内也会产生一个新高，尤其是当第二个新高没有碰到上通道的时候。这是唯一的知道在新高附近有危险的方法。比较明显的过程就是在上通道之外产生了一个新高，回调，碰到了上通道，回调，反弹失败，没有碰到上通道。我会在第四部分告诉你如何结合这些信息和指标以让自己产生更多的信心，从而识别股票的重要波动。

要记住的要点

- **顶部比底部复杂，因此更难分析**
- **最出名的顶部是头肩顶**
- **3 波上涨推向最高点是非常常见的形态**
- **典型的顶部会显示稳定衰减的动量**
- **等待下跌变弱的信号**
- **寻找逆势反弹卖出的机会**
- **www. BollingeronBollingerBands. com 网站会每天列出符合潜在的 M 顶的股票**

第十四章

价格沿着通道上涨或下跌

我已经谈过了顶部和底部，但是什么是持续的趋势？在使用通道，包络线的时候，人们常犯的错误是，在上通道卖出，在下通道买入。价格碰到通道是模式的一部分，或许指标也不能确认它们，它们也许可以作为买入或卖出的信号——但是，也可以不是买卖信号。没有东西能绝对证明价格碰到了通道就是买卖信号。

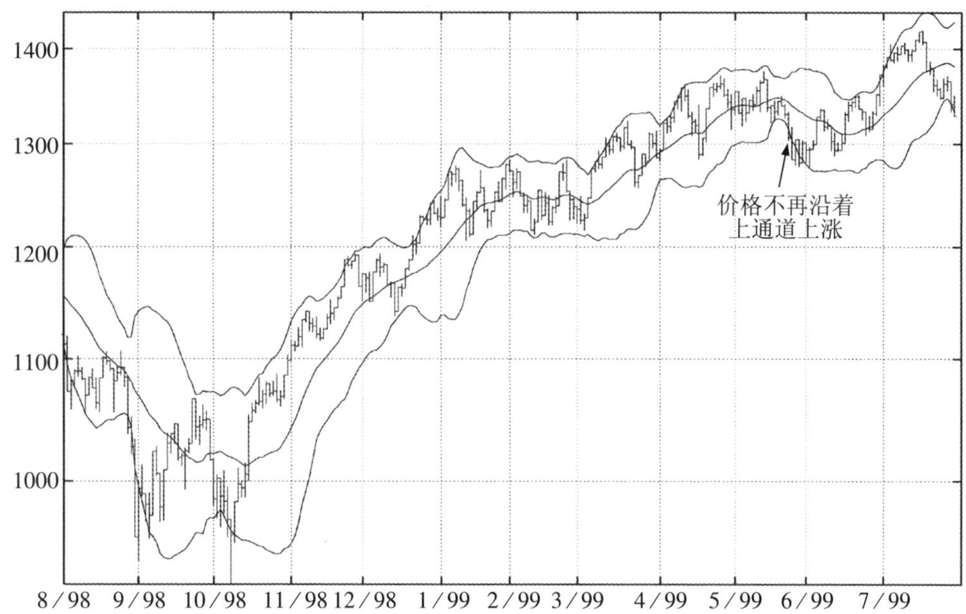

图 14.1　标准普尔 500 指数的布林通道
1998 年秋天到 1999 年春天。顺着上通道慢慢地涨，从没有碰到过下通道

美国股市的例子能够说明为何上通道不能作为卖出信号。1998年6月市场正在做很大的修正。1998年10月到达最低点（图14.1），修正完成了，出现了像W8这样的底，标准普尔500指数开始了强势上涨，一直涨到第二年。在这个过程中，很多价格碰到了上通道——其中一个价格离最近的低点只有8天。这些特征都不是卖出信号——至少中线玩家不会这么认为。这些特征叫做“沿着通道上涨”，在持续的趋势中，这是常见的现象。

在上涨的趋势中，沿着通道走的特征就是价格碰到了上通道，很多时候收盘价会在上通道之上（图14.2）。在下跌的时候，价格沿着下通道下跌或刺破下通道。这些收盘价都在通道之外，它们不是反转信号，是持续信号。它们可以成为反转信号，但通常不是反转信号。在通道内形成的顶或底也许是模式信号，但如果之前有持续信号，则这个模式信号不成立。

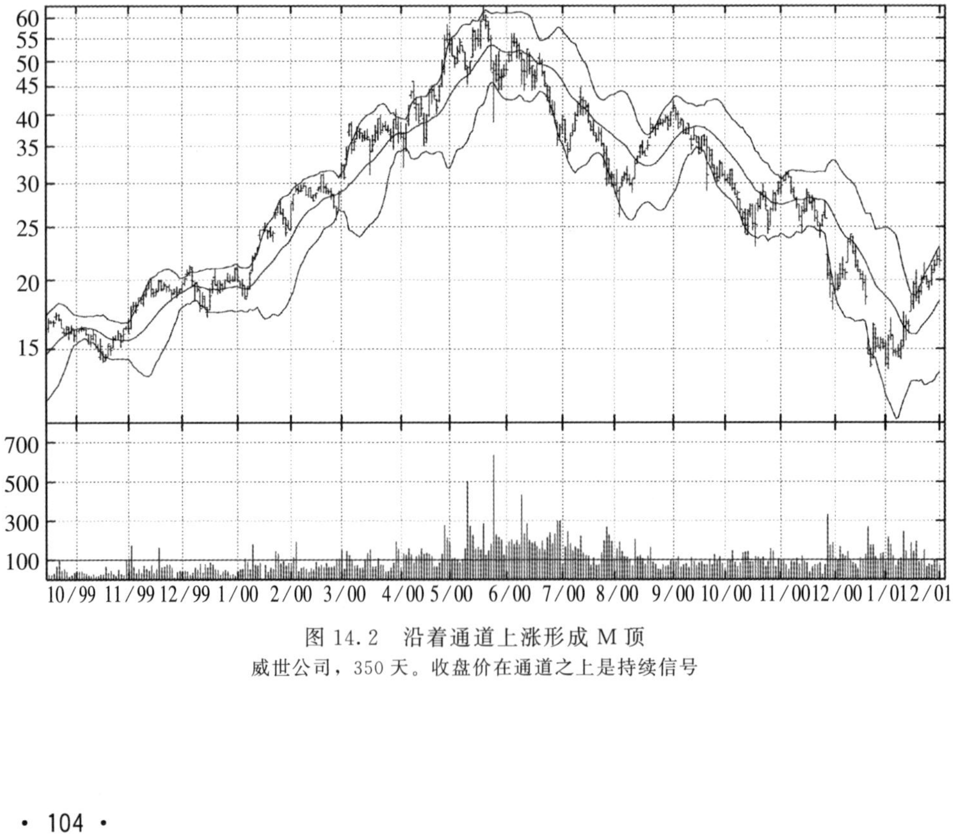

图 14.2 沿着通道上涨形成M顶

威世公司，350天。收盘价在通道之上是持续信号

很多敞开式的成交量指标——尤其是日内强度指标（缩写是 II）或累积派发指标（缩写是 AD）——在分析价格沿着通道走时都很有作用（图 14.3）。这是因为在有趋势的市场中，这些敞开式的指标就像是趋势描述器，可以直接和价格对比，且比震荡指标好用。要想进一步做比较，可以和价格在同一个窗口画出日内强度指标或累计派发指标，但是要使用不同的度量方式。

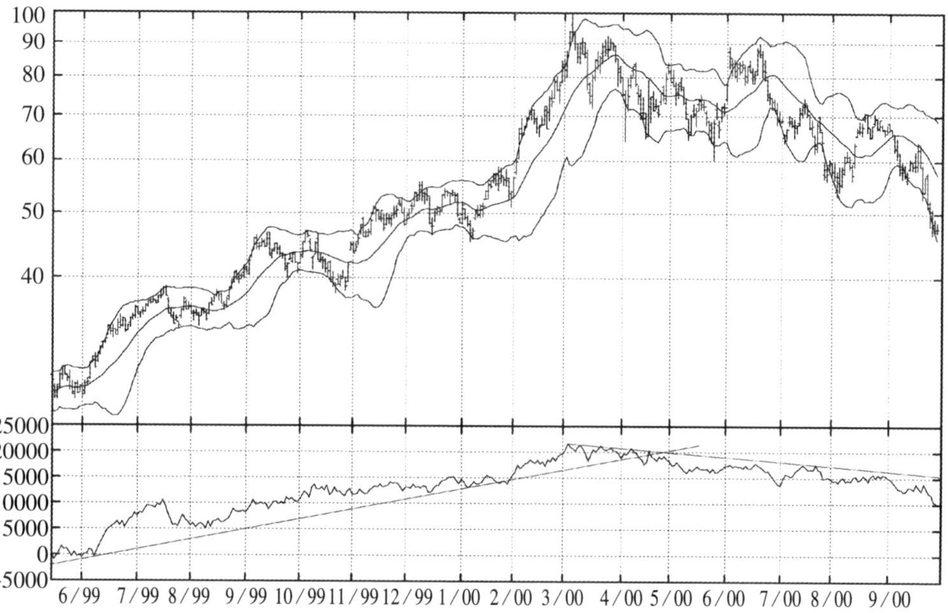

图 14.3 沿着通道上涨和敞开式的日内强度指标
德州仪器公司，350 天。请注意指标下跌确认了价格的下跌

价格碰到通道时，封闭式的日内强度指标或累积派发指标也有用，但指标必须有相似的动作（图 14.4）。价格碰到通道的同时，如果伴随着 21 天的日内强度指标是反向的，那么就表明趋势要结束了。请特别注意这样的小背离。如果指标从高点下跌，那就足够说明趋势要结束了。如果价格每一次上涨时，21 天的日内强度指标持续下跌到 20%左右的低水平，那么 19%～20%左右是一个预警，但不是卖出信号——至少目前不是。通常第一次出现的背离是预警，如果要形成顶或底，随后会出现一个更明显的、更有意义的背离。

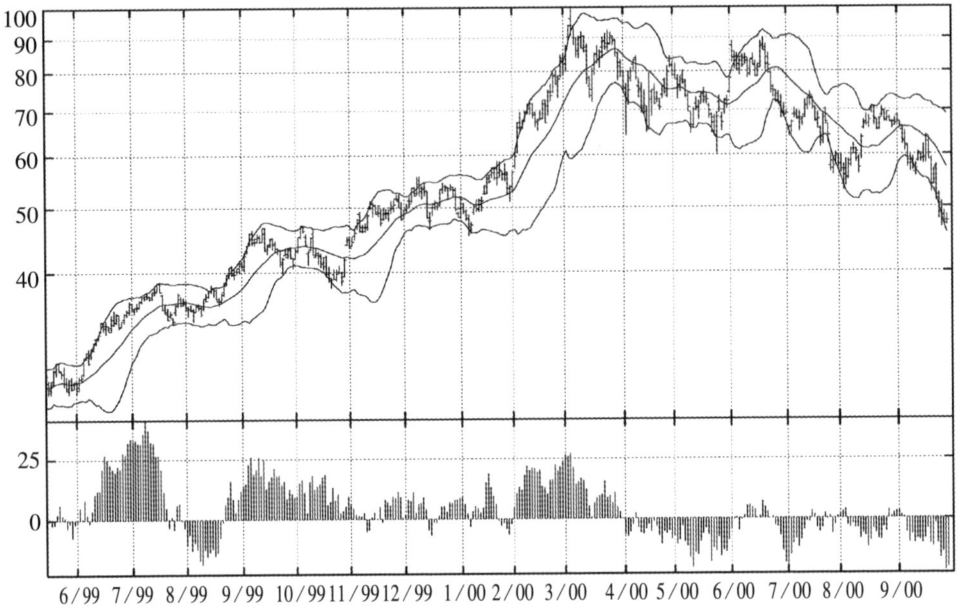

图 14.4 沿着通道上涨和封闭式的日内强度指标
德州仪器，350 天。在形成顶部以前指标是正数，然后就是负数了

如果你能选择一个合适的均线作为股票的中线趋势，那么在上涨的趋势中，这条均线能提供支撑区，股价正好回调到均线（请看图 14.5)。这条均线会成为极好的进场、加仓或再进场的点位。这些点位提供了超级好的风险回报，进场后你很快就能知道自己是否错了——大多情况下你都是对的。

沿着通道上涨或下跌的价格会包含 3 浪。包括 R·N·艾略特的波浪理论在内的很多不同的方法都说，如果有 3 波上涨或下跌被修正了，那就是典型的趋势（图 14.6)，两波上涨之后可能会有反向趋势。这些理论能帮助分析价格是否在沿着通道波动，或是其他状态，但这些都不是绝对的，因为很多时候不止 3 波。如果价格没有能力冲破通道，那通常说明上涨或下跌已经变弱了。

如果你在使用艾略特的波浪理论，千万不要死用。要永远关注市场中正在发生的事，而不是你希望发生的事。有些方法的原则很僵硬、死板，它们容易把跟随者引入迷途，导致资金严重亏损。

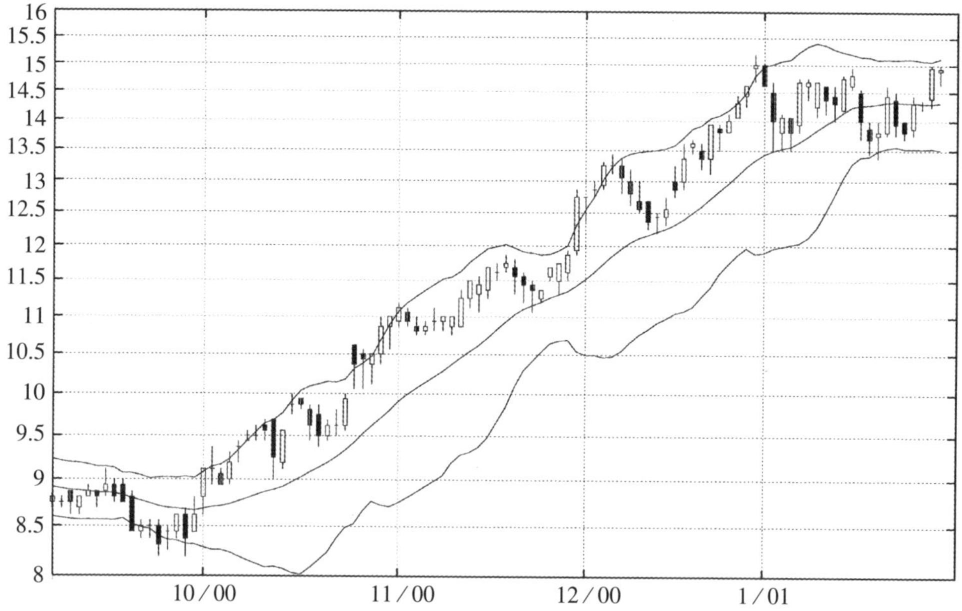

图 14.5 均线是支撑区

阿彻丹尼尔斯公司，100 天。选择恰当的均线定义了趋势，提供了支撑

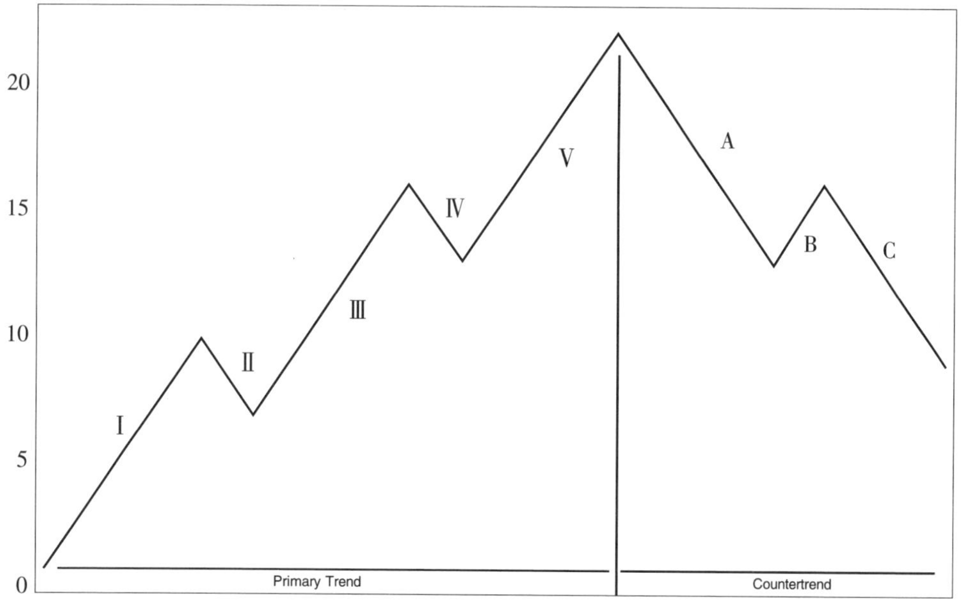

图 14.6 基本的艾略特波浪模型

像R·N·艾略特和W·D·江恩的方法，虽然是真的，但大众接受得不完整，他们的方法是长期观察市场后总结的智慧，但使用的时候还是要小心。市场并不知道要按照这些方法运行，所以经常会反向而行，导致死板地使用这些方法的人犯错，或不知所措。

关于投资的问题，无法简单地回答。投资是又难又复杂的工作，过去是这样，未来也是这样。简单的系统还不够用。任何数波浪的方法都意味着还有与其不同的方法。日期再重要，还有比它更重要的日期。唯一合理的办法就是找到合适的参数。利用数据和一些方法提高自己的信心是好事。但在使用的时候要知道自己用的是什么，并知道如何使用。

本书中的所有方法都是可以量化分析的，我建议你这么做，并建议你量化分析你所有的工具。实际上，量化分析的过程是你成功的第一步，你有了足够的信心，才会去成功地执行。为什么你以前没有这么做过？因为你不会。你必须了解风险和回报的标准，你必须知道一个方法是否对你有用。你在测试系统的时候以为你会执行这个系统，但是你又会怀疑这个系统——一开始就会这样。你会怀疑这个系统波动性太大，那个系统反应太慢。研究本书提供的方法，找到适合你的方法，然后测试它们，看看它们是否有效，这就是通往成功的道路。别人认为有用的方法，对你也许没用。

如果你想要一个简单的方法，你可以从本书中的 3 个方法中选一个尝试。你可以根据你的要求做修改。更好的方法就是把本书的思想溶于你已经有的方法中。这样，你就结合了自己的知识和本书提供的知识。

（除了 www.BollingeronBollingerBands.com 上筛选出的股票，www.EquityTrader.com 每天还会列出沿着布林通道上涨或下跌的股票。）

要记住的要点

- 价格沿着通道上涨或下跌是正常的现象
- 价格碰到通道不是买卖信号
- 指标能帮助区分价格碰到通道时的特征
- 在持续的趋势中，均线能提供支撑区和进场点

第十五章
收缩现象

到目前为止，我们已经讨论了用布林通道研究顶部、底部和价格沿着通道行走等模式。在第四部分，我还要增加辅助做决定的指标，但现在要讲一个更重要的通道模式，叫收缩。

关于布林通道，收缩所引起的问题最多，所以要重点谈收缩。通道有时候会出现长时间的严重收缩，然后又突然扩张，自然会引起人们的注意。首先，我们要搞清楚什么是收缩，然后再用一个工具去衡量它。所以，我要先讲讲波动性的背景，并看看如何交易收缩模式。

波动性导致形成了布林通道，而收缩则纯粹地反映了波动性。当波动性跌到历史最低水平时，就有了收缩现象。有一个指标叫通道宽度，这个指标就是用来衡量收缩的。

通道宽度公式

$$\frac{\text{上通道}-\text{下通道}}{\text{中通道}}$$

通道宽度通过均值的功能描述了波动性（图 15.1）。这样就在不同品种、不同市场、不同时间内进行对比。正如我们在前面所了解到的，波动性随着时间的推移变化很大。变化正是收缩的关键。

收缩有多种定义。最简单的定义是——这个定义最符合我的意思——如果通道宽度跌到了半年内的最低水平，那么就是收缩现象。

很多年来，学术界一直在说，价格既不是循环的，也不是可预

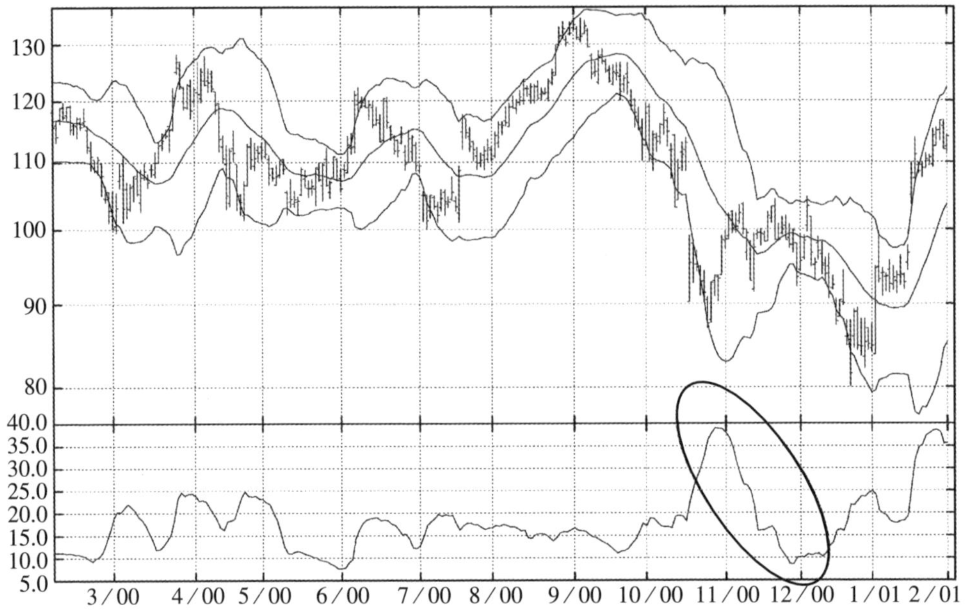

图 15.1　布林通道和通道宽度

IBM 公司，250 天。在 20 天内，通道宽度从 40%多跌到 10%以下

测的，而波动性既是循环的，又是可预测的（也许你现在就要去重读第九章的统计部分）。其实价格有一定的循环性和可预测性，但学术界关于波动性的说法是正确的。

比如，美国的股市就有很强的季节性趋势。它的 1 年模式和 4 年模式是很清晰的，如果善于应用它，将是很大的优势。实际上，4 年循环可以解释 1 年循环的种种变化。约翰·埃勒斯采用了不同的视觉，他认为商品的价格在短期内也是有循环的。

学术界说价格没有循环，也不能预测，这是有点过了，但是对波动性的认识是正确的。比如，请看图 15.2，它显示了债券期货和它的通道宽度。它展示了很明显的 19 天波动循环，这种循环标志着重要的点位。它还展示了波动性理论最重要的特征是低波动性引起高波动性，高波动性引起低波动性。如果现在很平静，则可以期待未来的风暴。如果现在有风暴，则可以期待未来的平静。

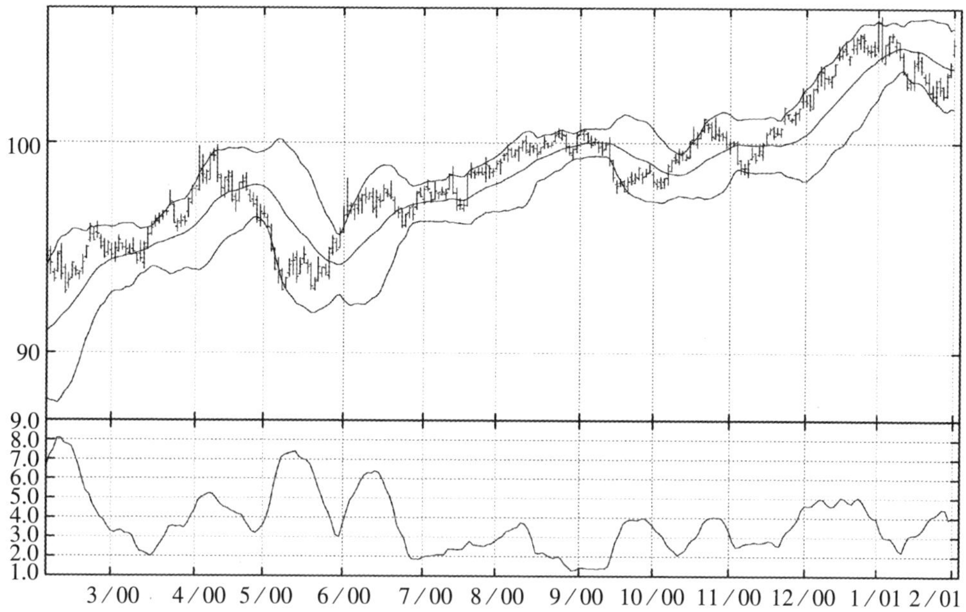

图 15.2 债券的通道宽度

250 天。在债券市场，波动性循环是很明显的

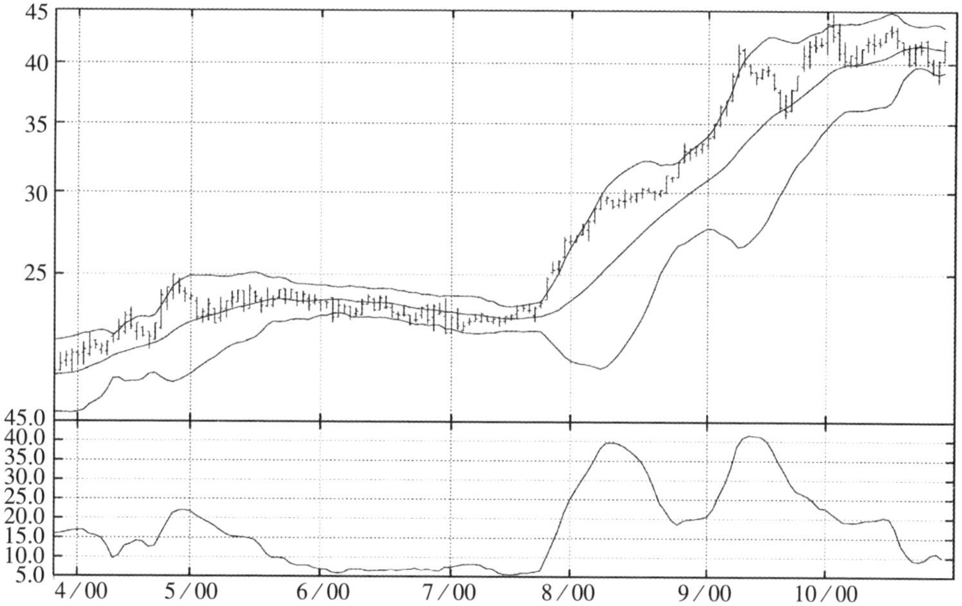

图 15.3 收缩和突破

PPL 公司，150 天。低波动性引起高波动性

我们一次又一次地看到了收缩现象。收缩就是整固的开始，交易范围极度收窄。均线变得水平，沿着价格中间走。布林通道紧紧地贴着价格（图 15.3）。这个阶段已经固定了。此时我们要认真观察指标。成交量是不是在价格上涨的时候放大呢？累积派发指标会不会上涨？在价格下跌的时候，波动范围会不会收窄？开盘价和收盘价有什么关系？每个证据都能帮忙预测到未来的方向。密切关注消息，消息常常是催化剂。

交易者要注意！收缩是有陷阱的，你要随时做好转向的准备，因为它会做假动作（图 15.4）。收缩现象快结束的时候，价格常常会做假动作，然后突然转向，向另一个方向奔去。很多年前，标准普尔 500 股指期货就出现了这种假动作，从那以后，这种假动作越来越多。

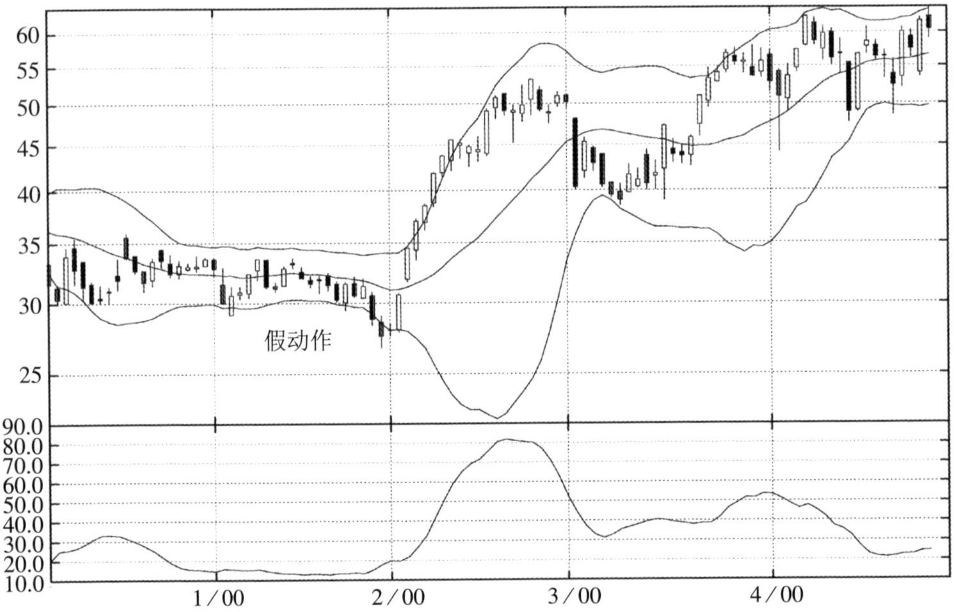

图 15.4　收缩、假动作、然后是突破
Adobe 公司，100 天。先是向一个方向走，然后又是另一个方向

要想处理好假动作，你要耐心等待，等趋势成形了再说，这样问题就不大了。如果你想在收缩的一开始就交易，你可以在假方向

初步建仓。然后找一个技术来止损，比如韦尔斯·韦尔德的抛物线，如果确实是假动作，你就可以反转仓位，这叫跟踪止损。长期跟踪商品市场的交易者喜欢用这种止损技术，随着价格的进展，他们随时可以反转仓位。

如果说收缩反映了低波动性，而低波动性能引来高波动性，那么就应该有一个相反的功能，以反转收缩，叫扩张。就像底部比顶部明显，收缩也比扩张明显。

扩张产生了一个重要的原则：一旦强劲的趋势诞生了，波动性就会放大，在上涨的趋势中，下通道就会下跌，在下跌的趋势中，上通道就会上涨。一旦发生了这样的事，那就是扩张，一旦扩张反转了，那么趋势结束的概率就比较大（图 15.5）。这并非意味着整个行情结束了，再出现一波阶段性小行情是很容易的，但目前的阶段性小行情确实可能结束了。比较现实的想法是现在开始整固或反转，而不是别人都期待的行情继续走。从策略的角度来看，此时可以针对自己的仓位卖出期权，因为期权的成本会上涨。

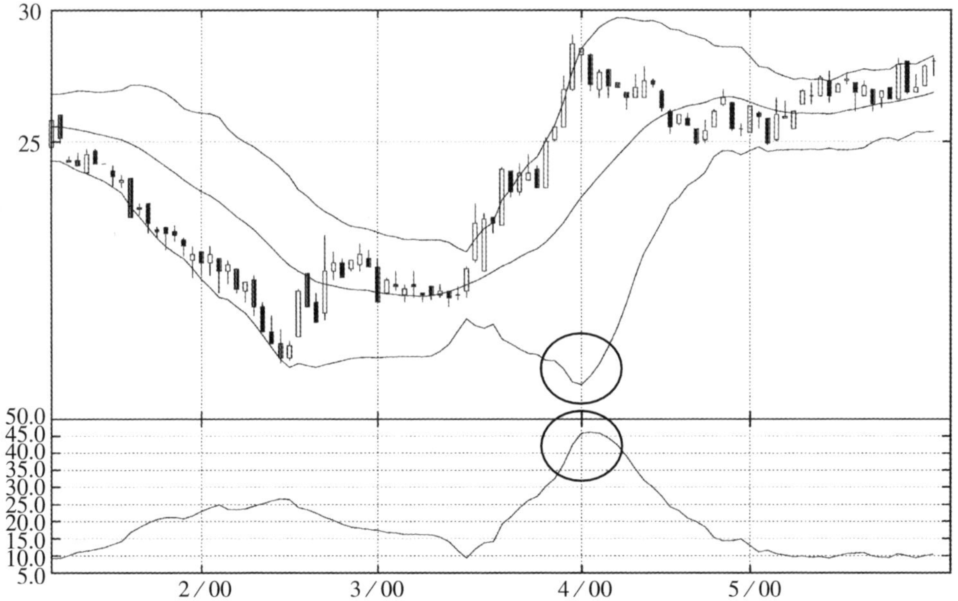

图 15.5　扩张的反转和趋势的结束

美国金融集团，100 天。在通道宽度的顶部，波动性最大

在下一章，我会研究利用收缩的第一个方法，也就是波动突破系统。

要记住的要点

- 低波动性会引起高波动性
- 高波动性会引起低波动性
- 注意假动作
- 使用指标预测价格方向
- BollingeronBolringerBands. com 网站会列出有收缩形态的股票

第十六章

波动性突破系统

本书会列出用布林通道形成的3个方法。我不知道哪个适合你，你喜欢哪个，哪个就适合你。你可以每个都试试，并量身定制。你可以测试它们，看看自己是否用它们交易。

虽然这些技术都是在日线图上开发的——最基本的时间框架是日线——短线交易者也可以把它们用到5分钟图上，波段交易者则可以用小时图或日线图，投资者则可以用到周线图上。只要用户根据自己的风险回报标准做了大量的测试，不同的时间框架是没有本质区别的。

为什么我要翻来覆去地讲要根据自己的风险回报标准定制系统的重要性呢？如果交易者不适应一个系统，即使这个系统再好，也是没用的。如果你发现自己不适应系统，你很快就会发现自己用不好这个系统。

总是有人问我："如果这个方法真的那么好，你为什么要传授给别人？"我的答案一直没变。首先，我传授给别人是因为我喜欢这么做。第二，因为在传授的过程中，我能学到东西，也许这才是最重要的。为了写好本书，我在寻找并研究素材的过程中就学到了很多东西，在写作的过程中又学到了更多的东西。

很多人还有这样的担心："本书出版以后，这些方法会不会失效？"除非市场的结构变化太大，否则这些技术是不会失效的。我之所以说方法不会失效——即使有很多人学到了——原因是因为我们都是个体。如果把同一个交易系统传授给100个人，一个月后，最多2～3个人在正确地使用这个系统。大部分人会根据自己的想法用自己的模式交易。简而言之，无论一本书讲得多么具体，它的读者还是会有自己的想法，也就是说这是一件好事。

布林通道的神秘之处就是你以为要在上通道卖出，在下通道买入。你可以这么做，但不一定要这么做。在方法1中，我们要在价格超过上通道时买入，在价格低于下通道时做空。在方法2中，只要指标确认了，我们就在上通道附近买入，在下通道附近卖出。在方法3中，我们用W模式和指标，在下通道附近买入，或根据指标，在上通道附近卖出。然后再讲一个根据价格和通道关系产生买卖信号的方法。

方法1，考虑到波动性的循环特征，当低波动性出现时，预测会出现高波动性。也就是通过收缩现象预测到高波动性。

现在讲方法1。多年前，《商品交易者消费调查》的作者布鲁斯·巴布科克对我做了一次采访。采访之后，我们就小谈了一会儿，结果采访对象变了，他说他最喜欢的商品交易方法是波动性突破。我简直不敢相信自己的耳朵。他曾经检验过无数交易系统——非常勤奋——比任何人都勤奋——除了期货真相公司的约翰·希尔可能是例外。巴布科克说他最喜欢的是波动性突破系统，难道他也喜欢我多年研究后才找到的最好方法？

也许布林通道最突出的应用就是波动性突破系统。类似的系统早就有了，且有多种形式。最早的突破系统采用最高价和最低价的简单均线，常常会上下摇摆。随着时间的推移，均线的真实波动范围成为一个被关注的因素。

我不知道波动性是如何成为波动性突破系统的因素的，但我想，也许有一天人们会发现均线、通道、包络线等等都能应用到波动性突破系统中（当然了，在任何系统中，风险回报的参数要和通道收窄时是对应的）。

我的波动突破系统采用通道宽度作为参数，突破时建仓。止损或出场的选择有两个。第一个是韦尔斯·韦尔德的抛物线指标，这是一个简单但很好的方法。买入信号出现时，最初的止损设置在突破的形态之下，然后每天随着上涨上移止损点。做空也是同理。如果想追求比抛物线方法更大的利润，价格碰到对面的通道时则是极好的出场信号。这个方法能接受行情中的修正，所以持有仓位的时间较长。故，买入时，以价格碰到下通道作为入场信号；卖出时，以价格碰到上通道作为出场信号。

使用方法 1 的主要问题就是怕有假动作（图 16.1）——前面也讨论过。假动作这个名词来自曲棍球，不过很多行业都熟悉这个名词。在打曲棍球的时候，玩家把球打向对手，打的时候，他装做要突破对方防守的样子，等对方的防守上当之后，他就转身并命中球门。股票在收缩之后，经常做这样的假动作，它们先向错误的方向走，然后才开始真正的行情。一般你先看见收缩，然后是价格突破通道，之后反转，开始真正的行情。通常，这个过程发生在通道内，你不会看见突破信号，只有真正的行情来了，你才能看见突破信号。然而，如果你的参数设置的太小，你可能就会被上下洗盘。

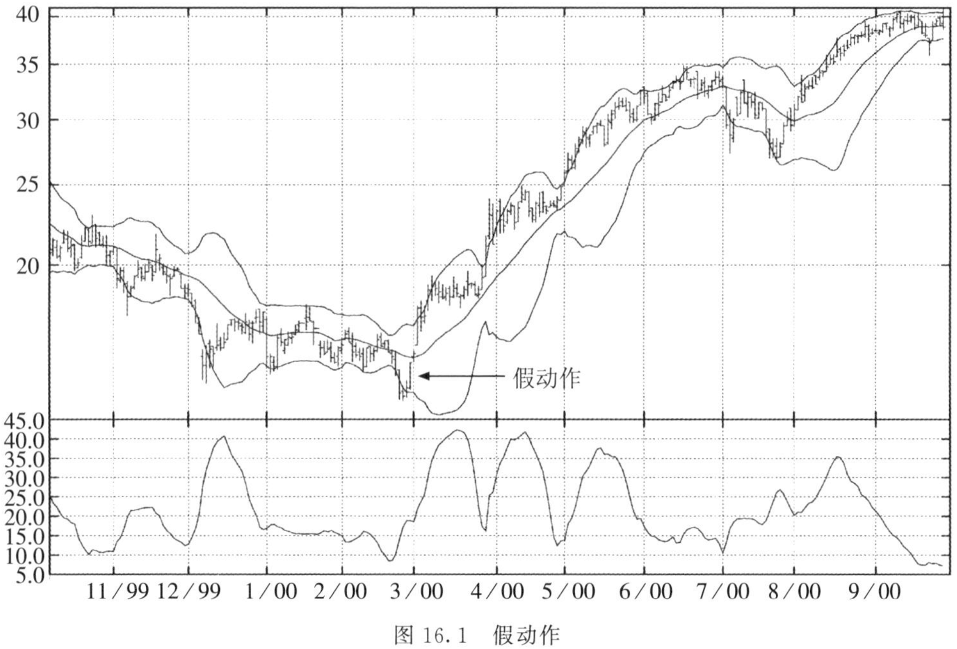

图 16.1 假动作

EOG 研究公司，250 天。对于精明的交易者来说，这个假动作就是机会

有些股票、指数等，比别的品种更喜欢搞假动作。对于你关心的品种，要注意它是否会搞假动作。一旦发现了假动作……

对于假动作，如果交易者不喜欢用机械的方法，那么最简单的策略就是等待，直到行情突破了交易区间再进场。当价格在假动作的相反方向出现很强的走势时，先建立一半的仓位，当突破发生时，再加仓，最后用抛物线或对面的通道作为止损，以防止受伤。

如果说解决了假突破的问题，你就可以使用系统 1 一直做下去了，你要做的就是等待收缩出现第一次突破。

成交量指标也有价值。在假动作之前，可以看成交量指标了解最终结果，成交量指标有日内强度指标和累积派发指标。还有一个指标叫资金流量指数，它也能提高成功和自信。我会在第四部分谈这些成交量指标。

建立在收缩基础上的波动性突破系统的标准参数是：20 天均线和上下 2 个标准偏离的通道。使用这些参数的原因是通道之间的距离很近，突破的距离也很近。也许有些短线交易者想减小均线的参数，比如改到 15 天，这样就要把通道也收缩一下，可以使用 1.5 个标准偏差。

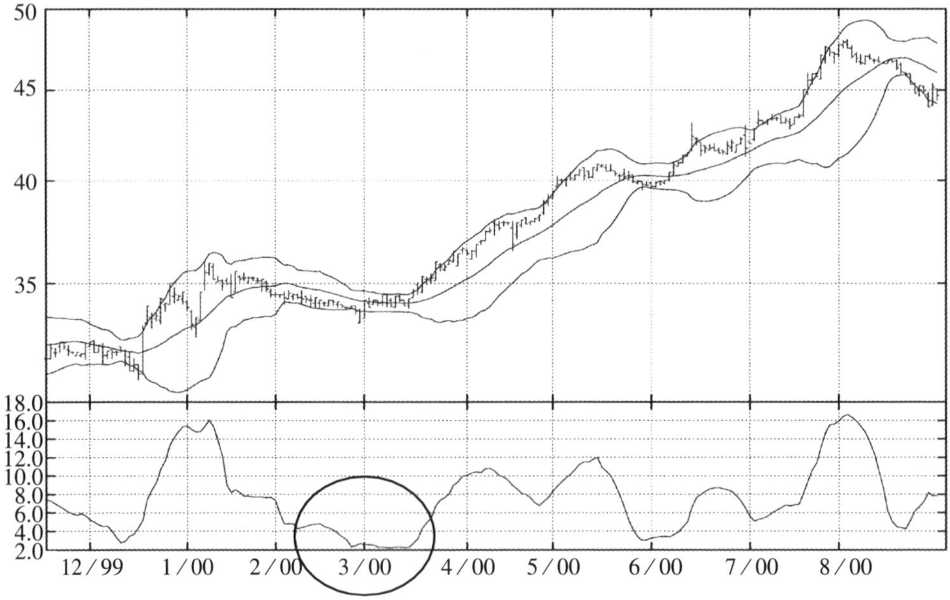

图 16.2　方法 1 的例子一

阿瓦隆湾通信公司，200 天。2%的通道宽度——真的收缩

还有一个设置参数的方法，那就是修改收缩的回溯期间。默认回溯期间是半年，如果你采用更大的回溯期间，你就要采用更大的压缩。然而，这样的参数很少，干什么事都是有代价的。

方法 1 就是先观察收缩，然后等待价格的突破，并进场。如果知道假动作的特征，并结合使用成交量指标，就能提高自己的业绩。要想使用合理的指标，就要做测试，在测试的时候，需要测试很多股票，至少几百只股票，还要测试多个指标，针对每天做测试。

使用方法 1，要认真地选择合适的参数，同时还要随着市场的进化紧紧跟踪好市场。在寻找参数的过程中，尤其是选择成交量指标参数的时候，要训练自己的眼光，不能太快。图 16.2～图 16.6 是给你做参考的。

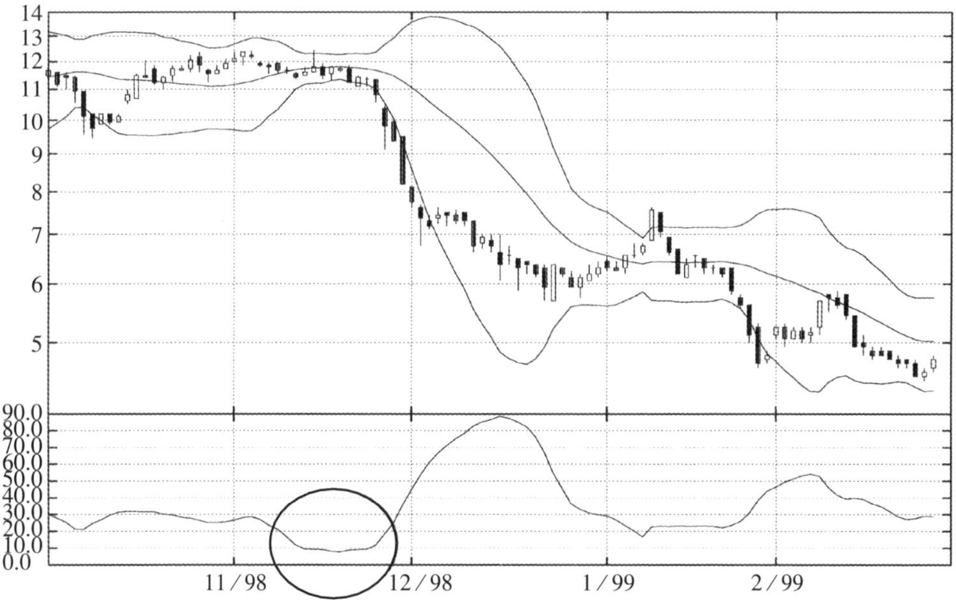

图 16.3　方法 1 的例子二

海洋能源公司，100 天。10％的通道宽度，还是收缩。请关注过去半年内的最低水平，那不是绝对水平

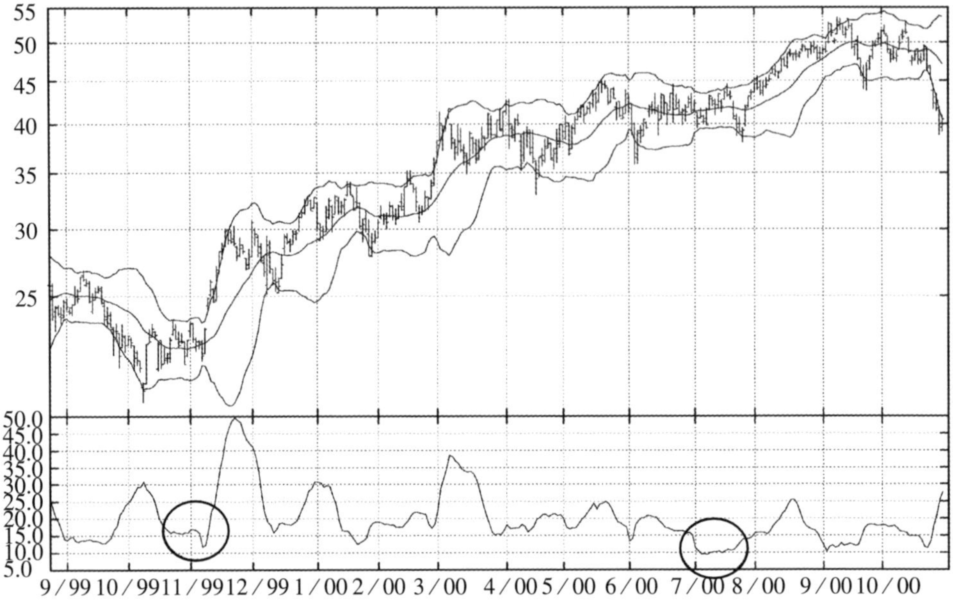

图 16.4　方法 1 的例子三

诺布尔钻井公司，300 天。在图表上的收缩可能高，可能低，但不重要

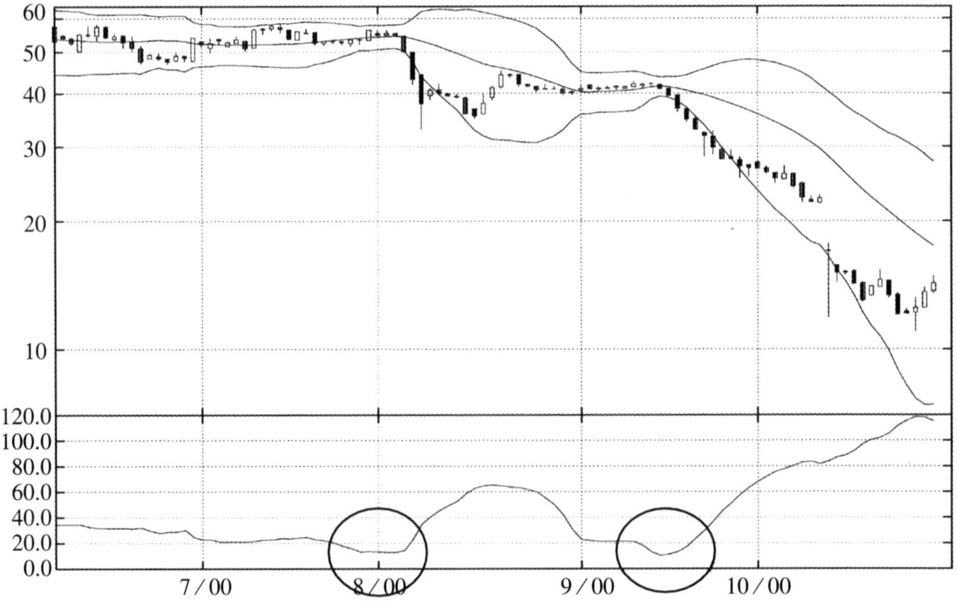

图 16.5　方法 1 的例子四

品尼高控股公司，100 天。收缩，然后又是收缩

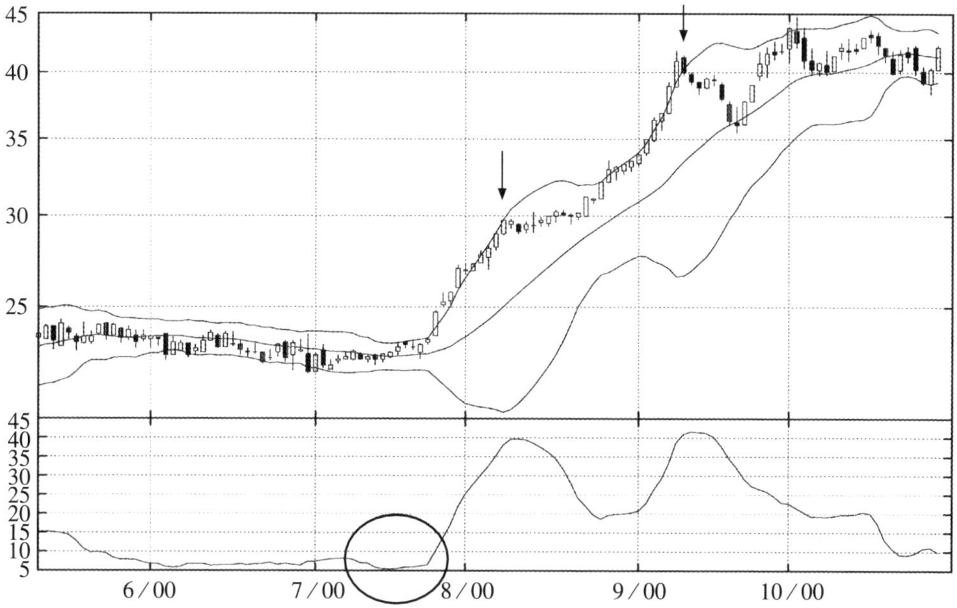

图 16.6　方法 1 的例子五

PPL 公司，120 天。第一波上涨发生在 5%～40%，40%以上是第二波上涨。请注意重要的高点

要记住的要点

- ■ 把收缩当做一个方法
- ■ 波动性扩张也是一个方法
- ■ 注意假动作
- ■ 把成交量指标当做方向指导
- ■ 要选择适合自己的参数

第四部分

布林通道和指标

核心内容

第四部分谈成交量指标。目标就是找到合理的风险回报公式。第四部分还会介绍两个交易方法——一个做反转，一个做趋势跟踪。

第十七章
布林通道和指标

如果结合指标使用，布林通道的威力就显现出来了。比较好的指标是成交量指标，比较好的方法就是在通道内对比指标和价格的波动（图 17.1）。

图 17.1　通道、资金流量指标与标准化的成交量
保健公司，150 天。价格测试了前面的低点，但是资金流量指标太高了——典型的上涨信号

对比价格和指标时，结果要么是确定的，要么是不确定的。确定的结果就是价格碰到上通道的同时还有一个很强的指标（图

17.2）。如果你持有多头仓位，且价格碰到了上通道——在这种情况下也许你会考虑卖出——所以你要看看指标，以进一步做决定。如果指标很强，那就说明你的仓位是对的。如果指标很弱，那就说明价格碰到了上通道是个危险信号。

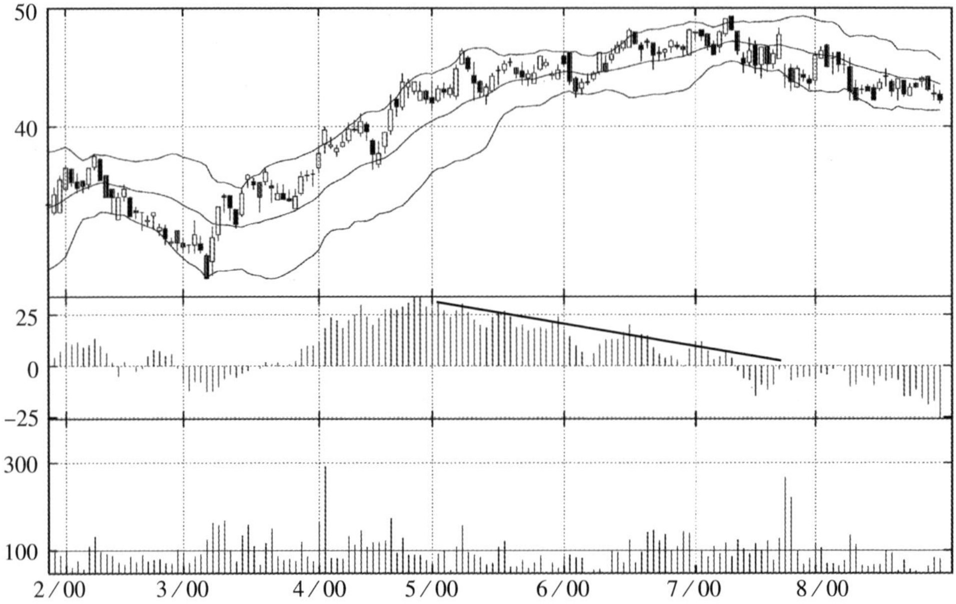

图 17.2　通道、累计派发指标和成交量

辉瑞公司，120 天。请注意当价格从上涨变为下跌过程中指标的变化

不确定的情况是，价格碰到了下通道，同时指标是正数，它们都组成了典型的买入信号（图 17.3）。比如，你想买股票，正在寻找合适的股票，你在你的股票池中发现了一只股票，它的价格碰到了下通道，同时成交量指标是正数，那么这只股票有反转的可能。如果这次下跌是第二波下跌，那么是潜在的 W 底，你得有证据证明这次会上涨。现在所需要的就是一个强劲的信号以确认这次反转。

还有一个例子就是价格碰到了通道，但指标的显示是中性的（图 17.4）。如果你在做多，价格碰到了上通道，同时指标显示中性，那么你可以把这种情况当做是预警，此时要收紧止损点，做好止损的准备。如果指标是负数，那就是卖出信号。

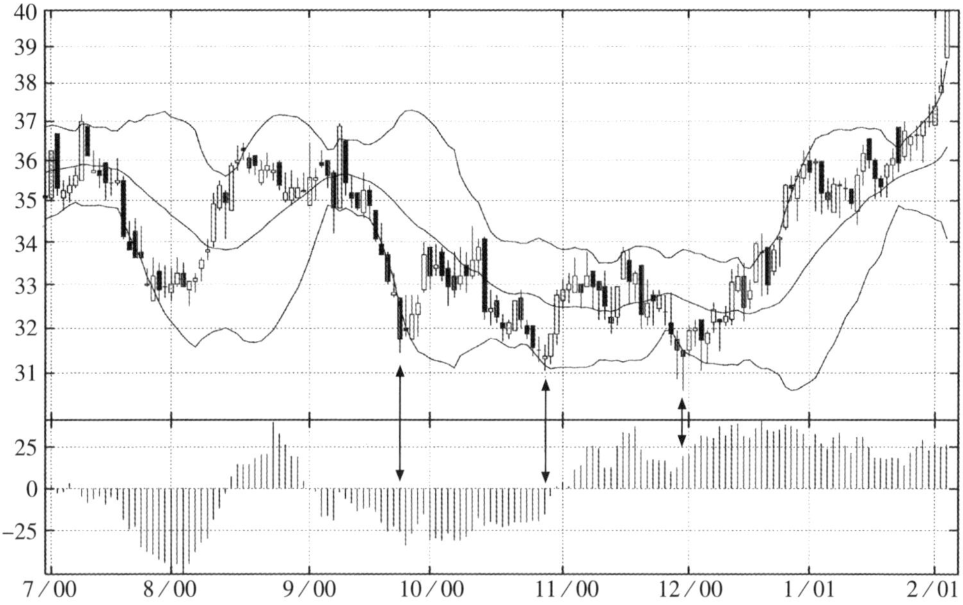

图 17.3　通道和日内强度指标

阿斯里兰原油公司，150 天。价格碰到了下通道，创造了最低价，
日内强度指标是正数，这些都代表了一个好机会

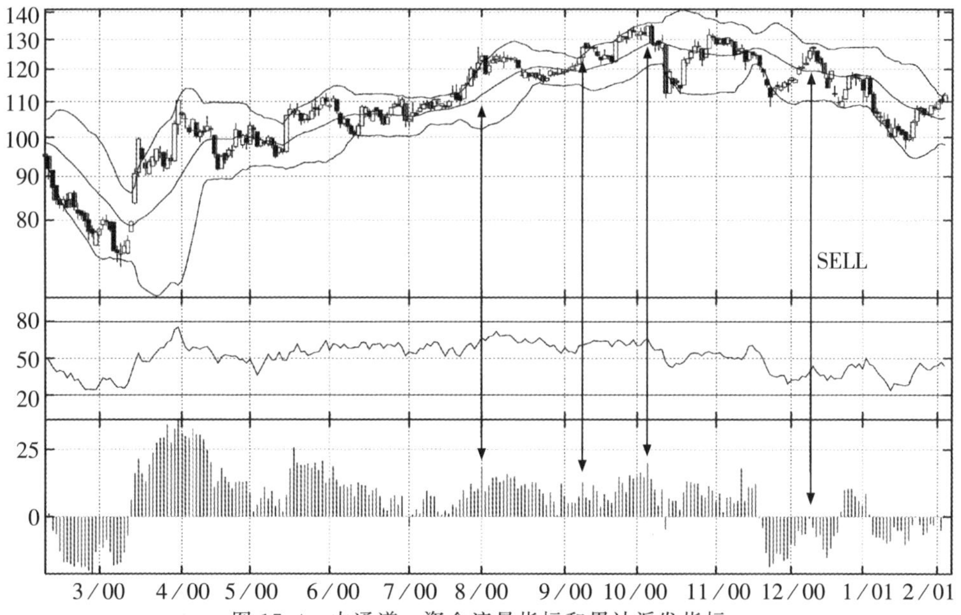

图 17.4　中通道、资金流量指标和累计派发指标

马什和麦克伦南公司，150 天。价格多次碰到上通道，
同时指标很弱，这是预警，但现在不必卖出，直到最后才卖出

最好的确定的例子是价格沿着上通道向上走，同时指标很强（图 17.5）。在持续的趋势中就会这样，每次价格碰到了上通道，指标都很强。越是接近顶部，价格碰到通道的同时指标越来越弱，那么这就是一系列预警，直到你最后卖出。

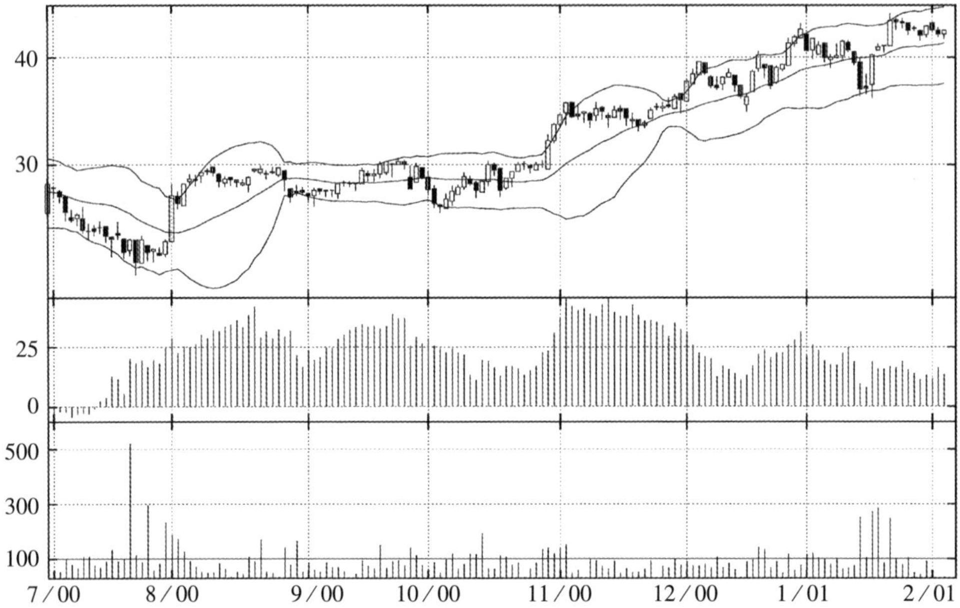

图 17.5　通道、日内强度指标和标准化的成交量

价格沿着通道上涨，希伯持股公司，150 天。价格碰到上通道并得到了确认

很强的股票一般比较难持有。价格不断地碰到上通道，此时持有股票是很痛苦的。但是一旦有了指标的确认，那么持有强势股就是确定的了。

之前我们谈到了 M 和 W 模式，也讲了如何用布林通道去确认它们。即使在模式中出现了新低或新高，你也知道如何行动。关键就是最高点和最低点，因为这些点位是布林通道的功能，但这些点位不是绝对的。我再讲一个指标，它能提高我们的信心。

以 W2 的底为例。第二次下跌创出了新低，但是如果价格没有打破下通道，那么就可能是 W4，你应该在强势上涨的那一天买入（图 17.6）。在价格创出新低后再去买入是少见的，但是，如果指标没有创出新低，并确认可以买入，那么信心就会增加。这种情况有两个积极的信号：一是没有产生相对的新低；二是指标确认了。如果成交量比平均成交量高，那么这就是第三个确认。

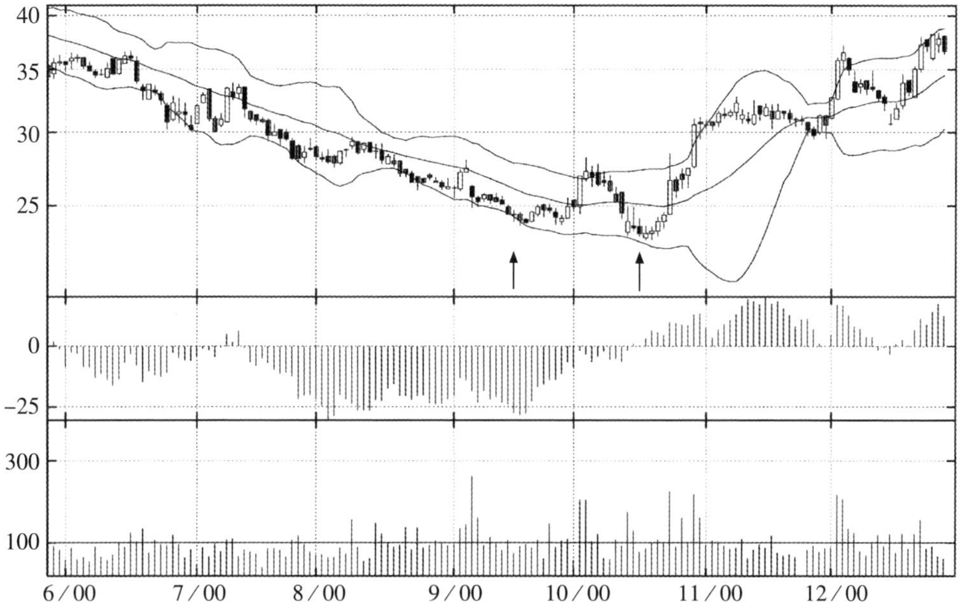

图 17.6　W2、相似的 W4 和日内强度指标确认了
道氏化学公司，150 天。价格创出了绝对值新低，但不是相对的新低，再加上指标变成正数了

自然有人会问，如果指标对确认价格有好处，为什么不多用几个指标？其实你是可以使用更多指标的。实际上，使用多个指标以确认价格是可以提高你的业绩的。但问题是，是否这些指标都是一致的呢。很多指标看起来似乎不一样，但本质上是一样的，这就是一个陷阱。如果交易者掉入这样的陷阱，他可能完全不知道。

这种陷阱可以轻松地避免掉，那就是要有纪律。每类指标只能选择一个使用，一个动量指标、一个趋势指标、一个成交量指标等等（表 17.1）——这有点像中国餐馆的菜单，你应该从每个菜类中点一个菜，这样点的菜就不会相似。同时使用 3 个不同的动量指标就等于是掉入了陷阱，因为它们给出的信息是一样的。如果你在中国餐馆同时点了一个菜类中的很多菜，服务员会告诉你这样点是不行的，可是大部分软件没这么聪明。

表 17.1　指标分类，分别有两个例子

分类	例子
动量指标	变化率，随机指标
趋势指标	线性回归，MACD
情绪指标	大众情绪，买卖比率
成交量指标（敞开式）	日内强度，累计派发
成交量指标（封闭式）	资金流量指数，成交量加权的 MACD
超买/超卖指标	商品通道指数，相对强弱指数

如果几个指标属于同一个类别，但它们的紧密度不是很强，你可以考虑同时使用它们。你必须是有充足的理由才这么做，也就是说从其他分类中找不到可以替代的好指标（可以替代，但要付出代价），而且你要充分思考并测试它们。

成交量指标和情绪指标可以很好地结合，这是为什么？因为它们使用的变数在分析中是相对独立的，互不干扰。动量指标和趋势指标，由于都来自价格，所以它们使用的数据本身就重合了，效果不如成交量指标或情绪指标好。

使用指标时可能遇到的另外一个陷阱是谄媚。Dictionary.com 网是这样给谄媚者下定义的："拍别人马屁的低三下四的人。"如果一个指标像谄媚者，为了迎合你而同意你的观点，告诉你的东西都是你知道的，甚至告诉你的都是你想听的东西，这就糟糕了。一般人是这样掉入陷阱的，他在很多指标中寻找，直到发现一个指标符合他的意思，他就采用这个指标。急于交易，急于找到证据，这些都不是好办法，要尽量避免这种陷阱。要想避免这种陷阱，那就要在交易前就选好自己的方法或工具，并坚持使用。你可以参考其他指标，但不要极力用指标来证明自己的观点。

在交易之前就选好自己的指标，并尽力去做测试，这点非常重要。一旦选好了指标，还要用自己的模板来做分析。图 17.7 就是一个很好的模板例子。上面的图是蜡烛图、布林通道和 50 天均线。蜡烛图能重点显示开盘价和收盘价的关系，对数比率度量的方式可以让价格按照百分比变化显示出来，布林通道则显示相对的最高点和最低点，50 天均线则提供趋势。相对强弱指标在下面——是和标准普尔 500 指数对比的，这样你就能知道股票和市场的关系。价格下面是 21 天累积派发指标，它是一个震荡指标，我们用这个指标确认价格的波动。最下面是 50 天平均成交量指标，它能帮助确认价格模式。

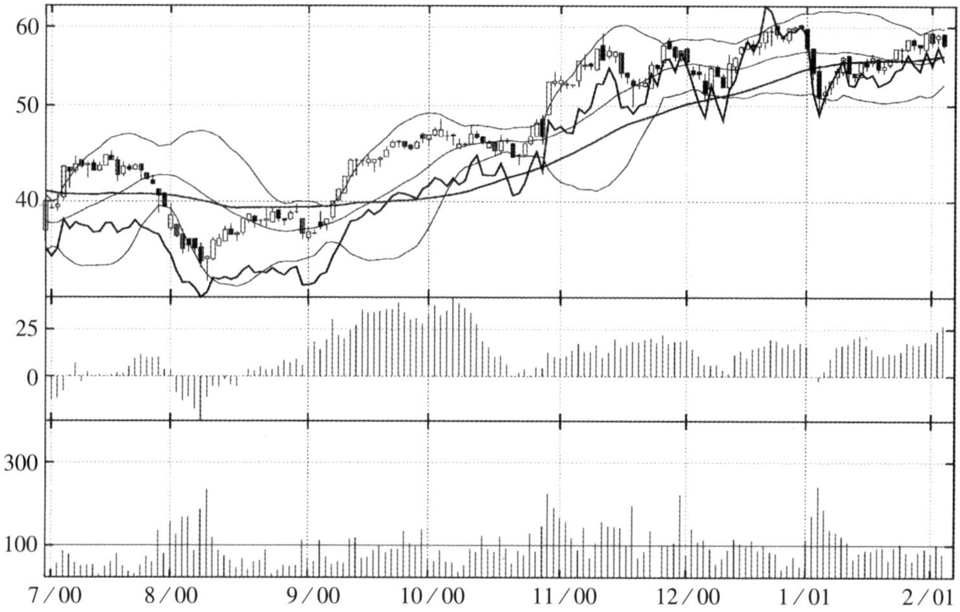

图 17.7 分析模板 1

CVS 公司，150 天。要定期设置参数。增加的相对强弱指标真的能起帮助作用

另外一个有用的模板也是用对数比率度量的蜡烛图，再加上累积派发指标，把指标和价格画在同一个图中，但度量值不同（图 17.8）。在另一个窗口中画出 MACD，最下面的窗口是标准化的成交量。模板完成了。

如果找到了适合自己的模板，那么下一步就是根据自己设置的模板参数研究股票。做决定时不要受其他的、没有经过测试的因素影响。如果你不遵守这个原则，或者是不遵守好的方法，那么你可能会情绪混乱并最终亏损。所以，在交易前一定要选好自己的指标和分析方式！

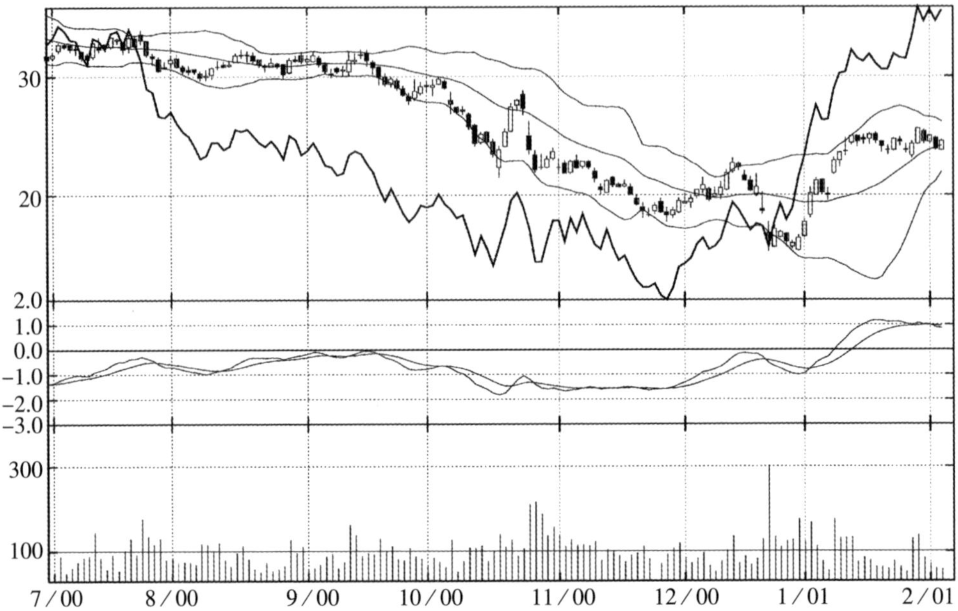

图 17.8　分析模板 2

美国电话电报公司，150 天。重点关注成交量指标，它能帮助找到最低点

选择指标、建立模板、坚持使用它们，这里有个前提，那就是你必须知道为什么它们有用，它们的测试结果会是什么样子。如果使用指标前没有做到认真思考，没有完全了解，那么在艰难的时候就没有信心去执行这个系统！在最艰难的时候，情绪对我们的影响最大。除非你对自己的方法非常有信心，否则当情绪波动时，你是无法坚持使用你的方法的。

本书提到的所有工具和技术都是建立在一个前提下，那就是，它们都来自市场现实情况，我很了解它们内部的机理。开发技术时要以这个为前提，这个前提的思想就是先有成交量，后有价格，我以此为例，解释一下。一个人可以根据这个思想开发一个指标，这个指标比较一段时期内成交量和 50 天成交量均值，而这段时期内价格正在形成底部。理论上，在底部形成、产生突破之前，价格和成交量会得到确认。根据理论基础，看看指标，并测试一下是否如此。

如果你是对的，指标和你期望的一样，你就可以按照你的思想做。有些人会认为不要对原来的公式做任何修改，但我认为不必如此守旧。只要你认真地做调整和优化，没有掉入常见的陷阱，那就没事。

优化这个话题超出了本书的范畴，但是既然要谈指标和系统，就离不开这个话题。优化过程充满了陷阱，即使是谨慎的投资者也会掉入陷阱。虽然优化也是一个有用的工具，但人们常常在不知情的情况下把它滥用了。滥用的结果就是对数据做出了美好的描述而已，没起到真正的作用。滥用也算是另一种谄媚。

优化就是找到系统的最佳参数。在电脑普及之前，优化都是靠手工完成的，现在用电脑就行了。最简单、最常见的优化是均线交叉。优化程序从最小的参数开始计算，计算所有的均线交叉提供的买卖信号，然后生成报告，报告包含利润率、交易笔数、最大的亏损、最大的利润等等。然后依次测试更大的参数，直到算到最后的参数为止。然后再用统计学的知识分析所有的结果，以找到最佳参数。

优化过程可能会突然变得复杂起来。比如，我们优化一个使用布林通道和指标的系统。假如说均线参数 10～50 天之间测试了 21 次，指标参数从 4～20 测试了 9 次——那么 21 次乘以 9 次就是 189 次。现在再测试通道宽度的参数，假如说每个组合测试 3 次，那么你一共要测试 1701 次——也就是 189 乘以 3，再乘以 3 的结果。你会发现这是很麻烦的事。

剖析是唯一的避免常见优化陷阱的方法——也就是要对手头的数据有简单的描述。把你的历史数据分成几段，然后对它们单独测试。假如你有 1990～1999 年的 10 年数据，你可以把数据分成三段，每段 3 年，第一段数据用来测试指标，后面两段数据用来优化，也就是 1990～1992，1992～1994，1994～1996 这三段。然后再用 1996～1999 年的数据测试系统的持续一致性。如此循环测试。每一段的测试结果应该非常相似，越是相似，你越有信心。这就叫系统的稳健性。

还有一个方法就是把你的测试对象分类，不同的类别有不同的特征，比如波动的、稳定的、成长型的、价值型的、小公司、大公司、低价股、高价股。测试时要关注结果的持续一致性。你要保证自己对数据信息有正确的认识，不要只看见有用的一面，忽略了它的普遍性。最后就是测试你的参数是否具有稳健性：改变参数，再次测试。如果你的系统是稳健的，那么结果应该是持续一致的，也就是说，如果 29 天均线是最优的参数，那么 18 天均线和 22 天均线应该产生相似的结果。

下面讨论成交量指标，然后再研究两个方法，这两个方法的指标能确认价格和布林通道的关系。

要记住的要点

- 用指标去确认价格碰到通道的性质
- 成交量指标比较好
- 要避免同时使用一个类别的指标
- 在交易前，要先选好指标
- 在分析时，要先选好模板
- 如果你必须优化，要非常认真地做

第十八章 成交量指标

如果你喜欢精益求精，想把本书中的方法再提炼提炼，本章的背景知识能帮助你实现目标。讨厌数学的人可以略过本章的下半章，但不要错过下面几段文字。

对技术派来说，成交量指标是最重要的一种指标。它们抓住了供需平衡的关键，用成交量这个独立的指标来帮助分析。成交量指标的本质就是成交量在先，价格在后。比如在底部，聪明的投资者就在收集股票，期待上涨；在上涨的末期，聪明的投资者在顶部到来之前就出场了。

不同的软件对成交量指标的命名是不同的，这是一个可怕的现象。所以，为了避免混淆，我在表18.1做了定义。我在表18.3列出了所推荐的指标的公式和结构。这样，你就可以对照一下公式，从而知道不同软件使用的指标叫什么名字。

表 18.1　成交量指标和它们的作者

指标	作者
平衡成交量（能量潮）指标	弗兰克·维尼奥拉，乔·卡兰维尔
成交量价格趋势指标	大卫·马克斯坦
负和正成交量指数指标	保罗和理查德·代沙尔特
日内强度指标	大卫·伯斯坦
累积派发指标	拉瑞·威廉姆斯
资金流量指数指标	吉恩·郭和艾弗拉姆·苏达克
成交量加权的 MACD 指标	巴弗·多米亚

要想知道如何更好地使用指标，那么首先要非常了解所有的指标。不但要全面了解指标的计算方法，还要知道指标的内在本质是什么。表 18.2 列出了 4 种基本的成交量指标，我会简单地讲讲这些指标是如何开发的，再具体讲 4 个最重要的指标，最后则介绍如何用好这些有力的工具。

表 18.2　成交量指标的分类

分类	例子
每段时期内价格变化	平衡成交量（能量潮）指标，成交量价格趋势指标
每段时期内的成交量变化	负和正成交量指数指标
一段时期内的结构	日内强度指标，累积派发指标
成交量加权	资金流量指数指标，成交量加权的 MACD 指标

第一类成交量指标包括平衡成交量指标（也叫能量潮，缩写是 OBV）和成交量价格趋势指标（缩写是 VPT），特点是计算每段时期的价格变化。平衡成交量指标观察收盘价是高了，还是低了；VPT 则考虑价格变化的百分比。第二类指标包括正成交量指数（缩写是 PVI）和负成交量指数（缩写是 NVI），它们在逻辑上和第一类相反。它们用成交量的变化来预测价格的变化。当一段时期内的成交量比前一段时期内的成交量小时，NVI 就会变化。第三类依靠检查每段时期内数据的变化来生成指标，包括日内强度指标和累积派发指标，前者的基础是波动范围内的收盘情况，后者的基础是波动范围内的相对最高点和最低点。这些指标不必和前一段时期做对比。第四类使用成交量生成指标。包括资金流量指数，这是韦尔斯・韦尔德的相对强弱指数的一个变形，还包括成交量加权的 MACD，这是杰拉尔德・艾派勒的 MACD 的一个变形。这些指标改变了传统的以价格为基础的指标，形成了有力的以成交量为基础的指标（表 18.3）。

表 18.3 成交量指标公式

平衡成交量（能量潮）指标＝成交量×符号变化
成交量价格趋势指标＝成交量×百分比变化
负成交量指数指标＝如果成交量下跌，累积价格变化
正成交量指数指标＝如果成交量上涨，累积价格变化
日内强度指标＝（2×收盘价－最高价－最低价）/（最高价－最低价）
累积派发指标＝（收盘价－开盘价）/（最高价－最低价）
资金流量指数指标＝100－100/［1＋（正价×成交量总和）/（负价×成交量总和）］
成交量加权的 MACD＝最新的 12 天成交量加权均线－最新的 26 天成交量加权均线
成交量加权的 MACD 信号线＝9 天指数平滑的成交量加权的 MACD

在如今的投资环境中，只有第三类和第四类指标才值得我们研究，正成交量指数指标也值得关注。让我们从日内强度开始吧。

日内强度指标（图 18.1）通过一个公式来计算，如果收盘价在当日波动范围的高点，值是 1；如果收盘价在当日波动范围中间，值是 0；如果收盘价在当日波动范围的低点，值是－1。这个指标主要是考虑到，当天快收盘的时候，交易者急于下单，必将把价格推到自己想持有的方向。比如说一个人是基金经理，他想在收盘前卖出，他必然把价格向低处打压，导致指标下跌。

累积派发指标（图 18.2）和日本蜡烛图的思想一样，特别关注开盘价和收盘价的关系。这是非常重要的概念——正因为太重要，所以 EquityTrader.com 网站的价格图做得像蜡烛图，如果收盘价比开盘价高，那么开盘价和收盘价之间就是绿色的；否则就是红色的；其他波动部分用深蓝色。

有一个基本思想，如果股票真的很强，那么无论开盘价多么高，开盘后的价格都会比开盘价高，如果开盘后的价格不能走高，那就说明股票变弱了。同理，如果市场市场很弱，那么开盘后的价格要比开盘价还低。

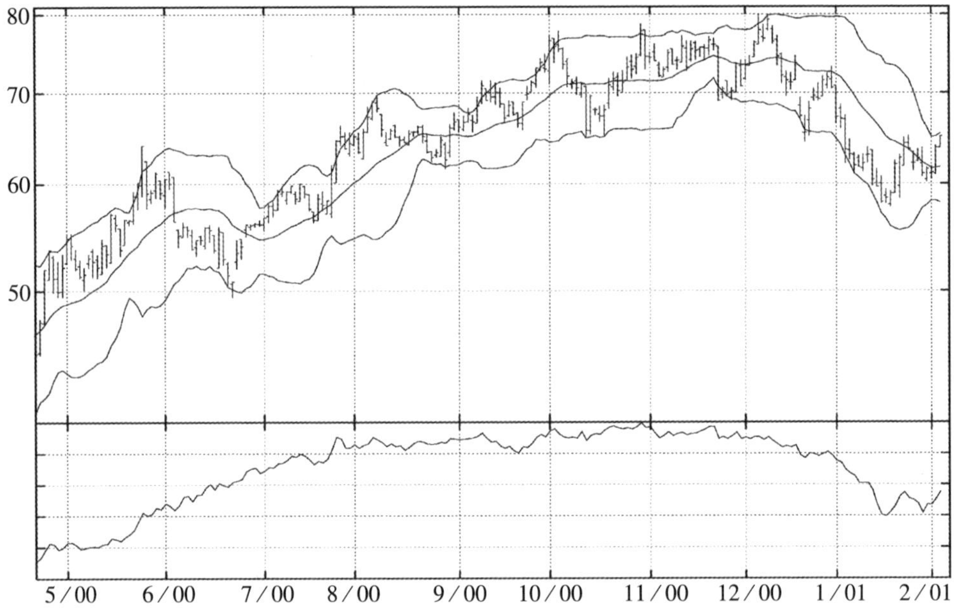

图 18.1　日内强度指标

哈特福德保险公司，200 天。这就是伟大的指标要做的事。一路上给出了确认信号，然后价格创出了新高，但指标没有创出新高

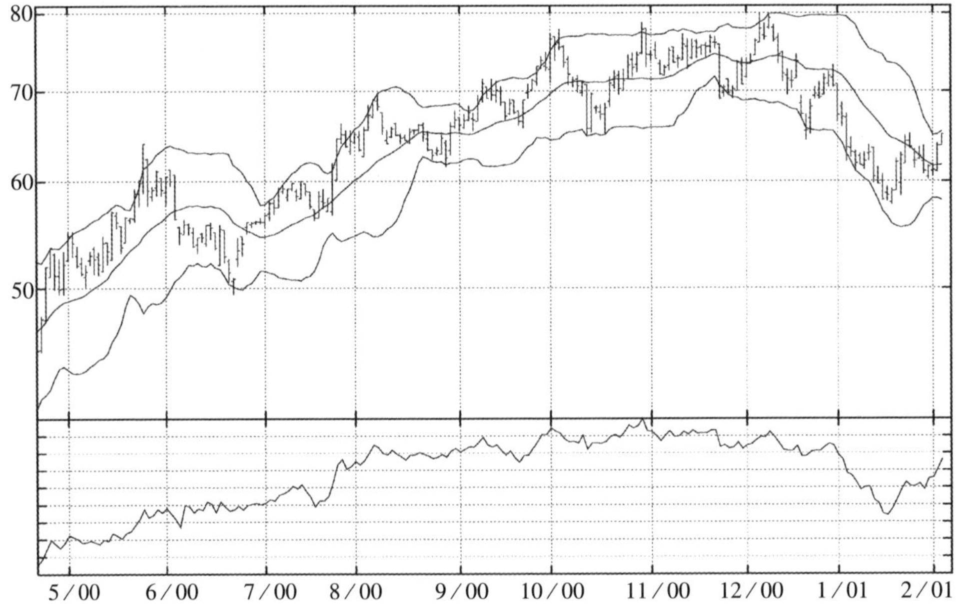

图 18.2　累积派发指标

哈特福德保险公司，200 天。累积派发指标像日内强度指标一样分析到了这个顶部

蜡烛图的历史有几百年了，日本人已经学会了关注蜡烛图的模式，尤其是组合模式。我们发现，如果在西方画图的基础上加上蜡烛图的特色，那么就很有趣了——尤其是解释布林通道附近的价格更方便。比如，蜡烛体在下通道附近从红色变成了绿色，那就意味着这是底部。累积派发指标也可以反映出这种变化，尤其是成交量和价格同时上涨的时候。

日内强度指标和累积派发指标可以是敞开式的，也就是从第一个点开始计算累计值，然后用线画出来（也就是无界限的指标线）。它们也可以以震荡的形式表现出来，那么就要计算一段时期的移动总和，一般参数是 10 天或 20 天（也就是封闭式的）。有些人喜欢看无界限的指标线，有些人喜欢看震荡式的。如果要和通道做对比，震荡式的要比较好理解点。

日内强度指标和累积派发指标都可以被标准化，也就是在计算的时候除以总成交量，这样不同的品种就可以互相比较了。表 18.4 列出

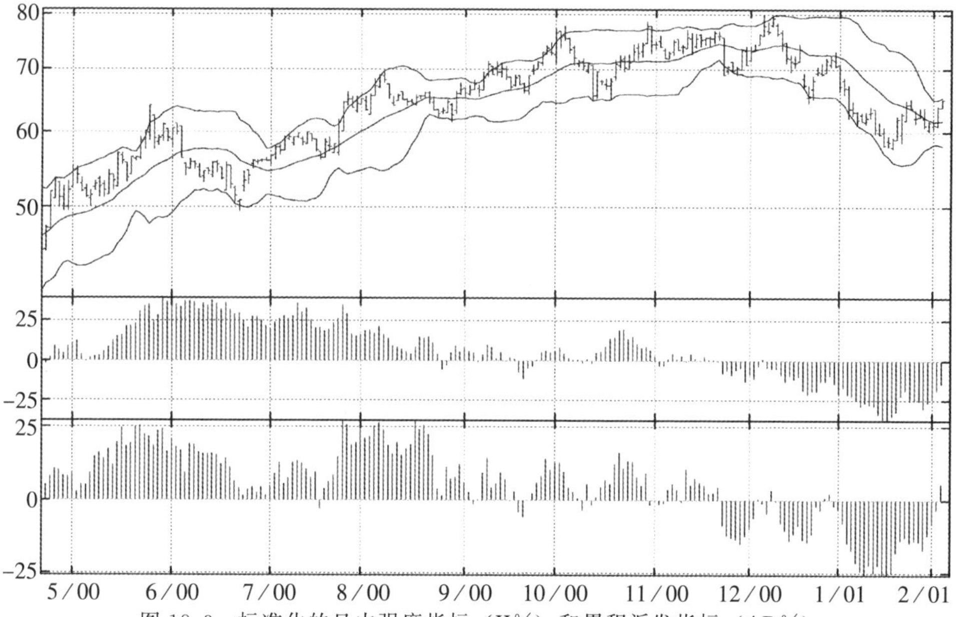

图 18.3　标准化的日内强度指标（II%）和累积派发指标（AD%）

哈特福德保险公司，200 天。把日内强度指标和累积派发指标转化成柱状图可以看见容易被忽略的信息

了标准化之后的累积派发指标，参数是 10 天。图 18.3 则是结果。标准化之后的指标一般用百分比表示，比如 21 天 II%或 10 天 AD%。

表 18.4 标准化成交量指标的公式

10 天［（收盘价－开盘价）/（最高价－最低价）×成交量］的总和/10 天的总成交量

第四类中还有资金流量指数指标，这个指标很好地借用了韦尔斯·韦尔德的相对强弱指数概念。相对强弱指数的核心就是两条指数平滑均线的比率，一条在上涨时变化，另一条在下跌时变化。资金流量指数用平滑总成交量代替了两条指数平滑均线，资金流入是正数，资金流出时是负数。韦尔德当初推荐的参数是 14，短线交易者可以使用 9 这个参数。

关于资金流量指数指标，你可能会问，在股票上涨和下跌的日子里的成交量能确认趋势的动量吗？我认为上涨日子里的大成交量和下跌日子里的小成交量确实能产生比相对强弱指数还要强的信号。

结果表明，似乎资金流量指数的波动性比相对强弱指数大。它不够平滑，波动范围偏大。所以，我们只能把 80 和 20 当做它的标准，而相对强弱指标采用 70 和 30 作为标准。如此，它们的结果就差不多了（图 18.4）。

第四类中还有成交量加权的 MACD 指标。MACD 就是杰拉尔德·艾派勒的平滑异同移动平均线。在我们的意识中，MACD 是趋势指标。它包含两条线，MACD 本身和信号线。MACD 就是两条均线的数值差，也叫分离图。信号线就是 MACD 的指数平滑均线。

把指数平滑均线换成成交量移动均线就得到了成交量加权的 MACD（图 18.5）。信号线还是一条指数平滑均线。和资金流量指数一样，成交量加权的 MACD 比 MACD 敏感多了，但是不调整参数也能成功地使用。

在使用成交量加权的 MACD 的时候，也许你会问，这个指标支持趋势吗？如果支持，成交量加权的 MACD 会变强。如果不支持，成交量加权的 MACD 会很好地强调潜在的弱势。在以机构为主体推动的市场中，这个概念很重要。

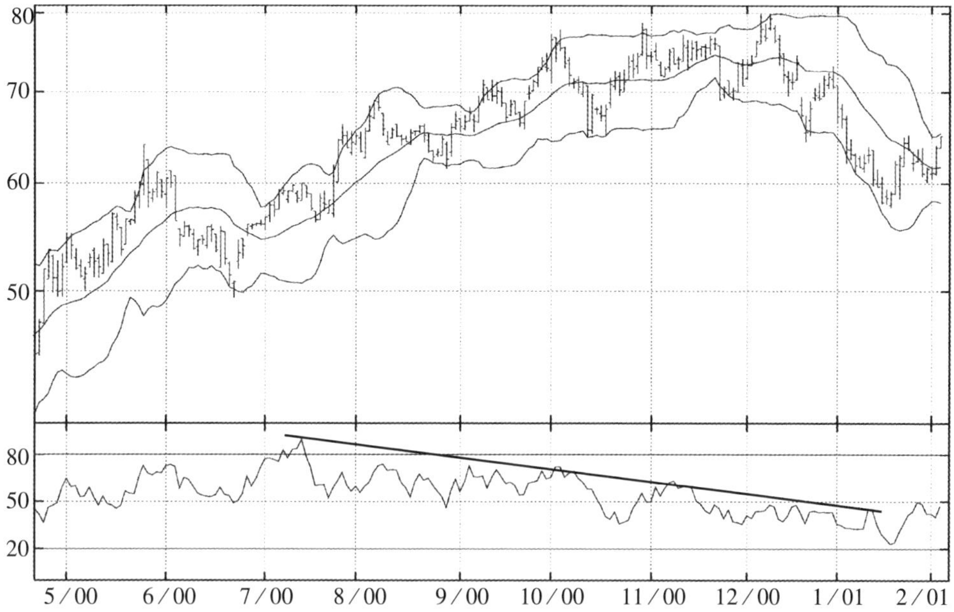

图 18.4　资金流量指数指标

哈特福德保险公司，200 天。请注意当价格上涨快结束时，资金流量指数指标的趋势也在衰落

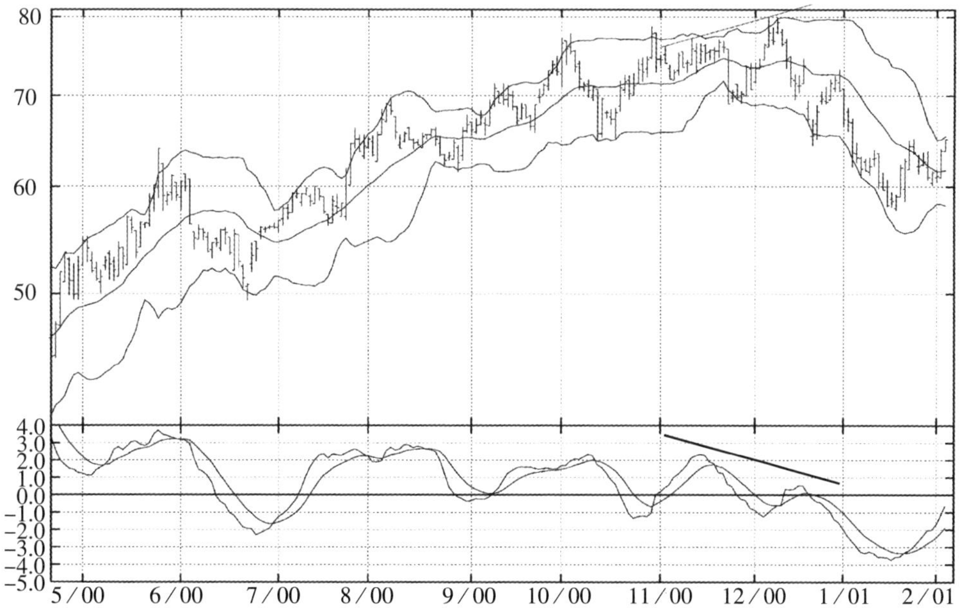

图 18.5　成交量加权的 MACD

哈特福德保险公司，200 天。仅仅根据成交量加权的 MACD 就可以构造一个成功的时机系统

在本章，我们讨论了 4 个成交量指标。它们在一定程度上是互不相干的。虽然累积派发指标和日内强度指标都是计算一定时期内的数据，但它们的参数和计算方法还是不一样的。资金流量指数是成交量动量指标，成交量加权的 MACD 指标则是趋势指标。如果这些指标的信号是一致的，那么就可以理解为统一的信号。如果它们不一致，那么就要明白，每个指标都是按照自己的理论说话的，你要找出真相。

要想更深入地了解成交量指标，请看“成交量指标”（参考书目）。

现在我们再到下两章讨论实际运用情况。

要记住的要点

- 成交量是独立的变数
- 成交量指标可以根据计算方式的不同做分类
- 重点关注累积派发指标、日内强度指标、资金流量指数指标和成交量加权的 MACD 指标
- 累积派发指标和日内强度指标有敞开式和封闭式两种方式，都要观察

第十九章

趋势跟踪

方法 2 通过指标确认的价格力量预测趋势。也就是说，如果价格很强，到了上通道附近，同时相应的指标也确认了这点，我们就预测会产生上涨的趋势（图 19.1）。当然了，下跌也是同理的（图 19.2）。总之，这个方法是方法 1 的变形，不研究收缩，用资金流量指数指标来确认价格，这个方法可以使用方法 1 的信号。

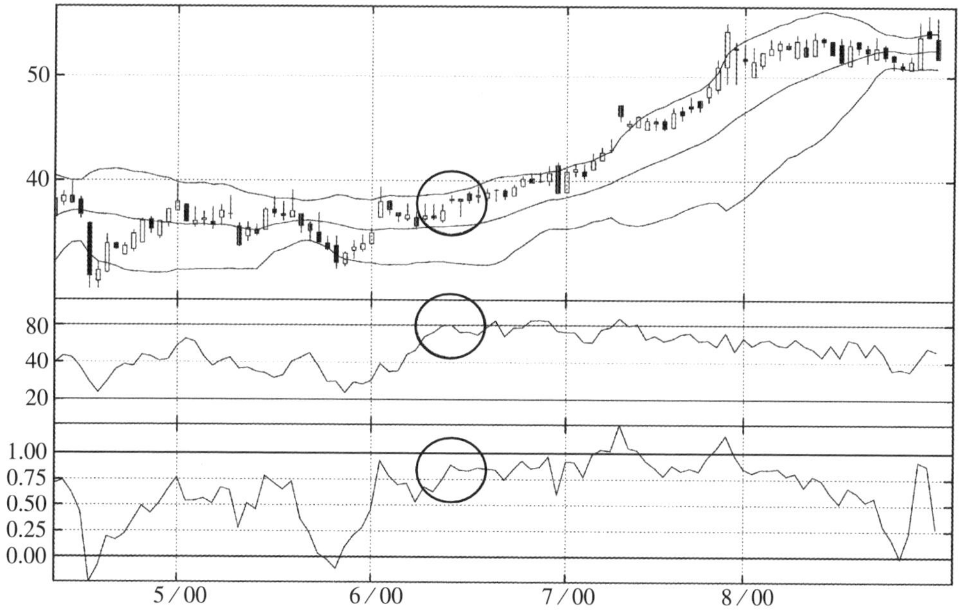

图 19.1　方法 2 买入的例子

AG 爱德华公司，100 天。强势的价格加上强势的指标等于买入信号

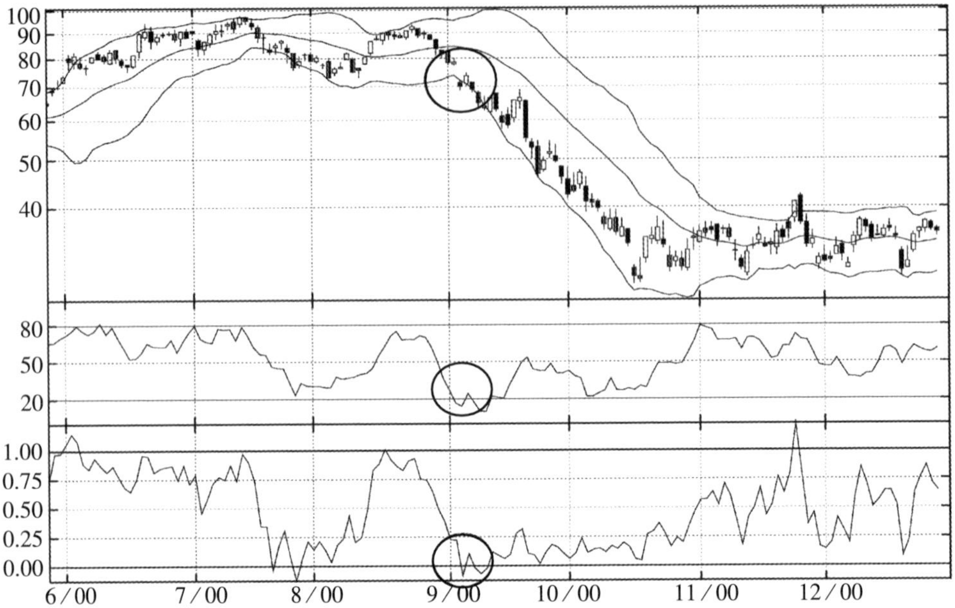

图 19.2 方法 2 卖出的例子

美凯龙公司，150 天。价格的下跌加上资金流量指数的确认的弱势等于是卖出信号

出场技术也是一样的，使用修改版的抛物线方法或是价格碰到了对面的布林通道就止损。价格的%b 指标和资金流量指标都必须高于我们的标准。原则是，如果%b 指标大于 0.8，同时资金流量指数（参数 10）大于 80，那么就买入。

这里回忆一下%b 指标告诉我们价格和通道的关系，如果价格在上通道，值为 1；如果价格在下通道，值为 0。

所以如果%b 的值是 0.8，它在告诉我们 80%的可能性价格从下通道涨到上通道。换个想法就是价格在通道之间靠上的 20%之处。资金流量指数值的范围是 0～100。因此，80 是很大的值的，代表价格在上通道附近，相当于相对强弱指数值 70。

所以，方法 2 结合了价格强度和指标强度，一起来预测价格会上涨，反之则预测价格会下跌。

我们将使用参数分别为 20 天和 2 个标准偏差的布林通道。要想设置资金流量指数的参数，必须遵守一个原则：指标的参数必须是通道均线参数的一半左右。我也不知道这个原则的出处，大概是研究循环理论的人发现的，均线天数最好是主循环天数的 1/4 比较好。实验发现，如果用 1/4 的天数则太短了，但指标用 1/2 的参数则很好。这些都是起始默认值。如表 19.1 所示，这个方法有多种变形。为了提高系统的适应性，可以调整一些参数。

表 19.1　方法 2 的变形

可以用成交量加权的 MACD 代替资金流量指数
%b 和指标的标准是可以变的
抛物线的速度是可以变的
布林通道的参数是可以调整的

要避免一个陷阱，那就是进场太慢了，潜在的机会被浪费了。方法 2 有一个问题，无法量化风险回报比率，原因是在信号出现前行情可能就开始了。避免这个陷阱的一个方法就是在信号出现后等待回调，然后在第一天上涨时买入。这样会错过一些机会，但剩下来的机会风险回报比还是不错的。

最好要先测试你想交易的股票，并根据这些股票和自己的风险回报标准设置好参数。如果你喜欢交易波动性大的股票，那么你就要期待比较高的%b（可能要大于 1）、资金流量指数和抛物线参数。如果这三个指标的水平很高，则是可能捕捉到了强势的股票，但随时要做好止损的准备。讨厌风险的投资者应该关注参数大的抛物线，更有耐心的投资者则应该关注参数小的抛物线指标，这样的股票会慢慢涨。

还有一个有趣的调整方法，那就是使用抛物线指标时，不按照进场日进场，而是按照最近明显的最低点或反转点进场。比如，抛物线指标可能在最低点之下，此时可以买入。这要求交易者要有更高的直觉才能抓住这样的交易机会。这样的交易者还可以利用对面的通道作为出场点，只是止损点太远了。

我想重申一下：这个方法还有一个变形，那就是把这些信号当做预警，只是在价格回调时才进行交易（图 19.3）。这个变形方法可以减少交易笔数——会错过一些交易——但也减少了被洗盘的次数。总之，这个方法很有活力，不同交易风格的人都可以使用这个方法。

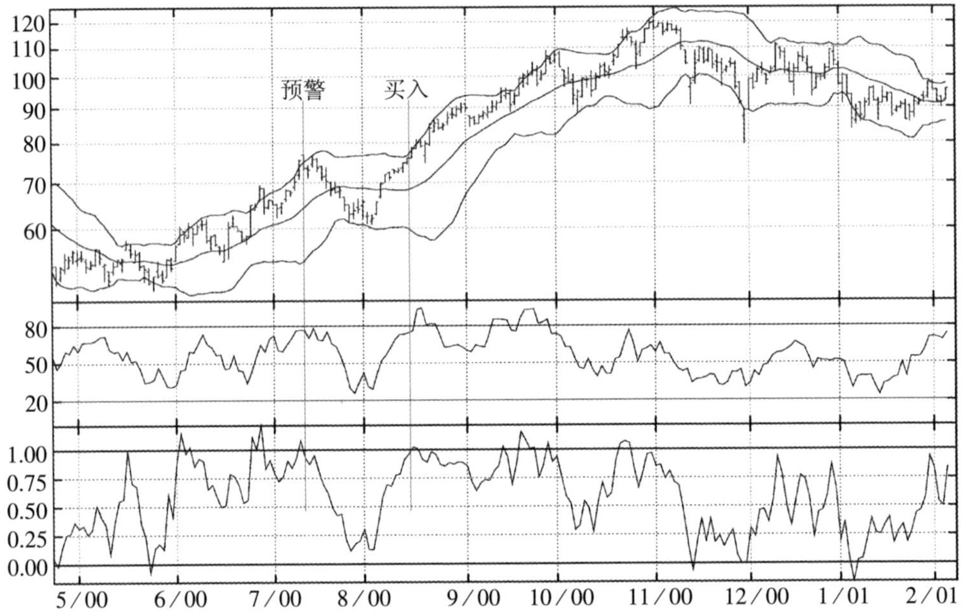

图 19.3　方法 2 作为预警的例子

珀金埃尔默公司，200 天。如果错过了这个方法，可以把信号当做预警

还有一个重要思想：理性分析。这个方法在确认的强势价格买入，在确认的弱势价格卖出。那么用基本面的标准选股行吗？也就是在可以买的股票里面选股买入，在可以卖的股票里面选股卖出。这个方法超过了本书的范畴，但理性分析很好地结合了基本面分析和技术分析，它能解决大部分投资者的问题。它可以提前筛选合适的股票，并删除不合适的股票，这样就能提高你的业绩。

还有一个方法是观察 EquityTrader.com 网站对股票的评级，买入评级为 1 或 2 的股票，卖出评级为 4 或 5 的股票。这些评级是提前衡量，并做了风险调整的，可以理解为平滑了波动性的相对强弱指标。

要记住的要点

- 方法 2 就是买入强势的股票，卖出弱势的股票
- 当%b 大于 0.8，资金流量指标大于 80 时，买入
- 当%b 小于 0.2，资金流量指标小于 20 时，卖出
- 把抛物线指标作为止损点
- 可以参照方法 1
- 可以研究变形的方法
- 可以使用理性方法

第二十章
反　转

方法 3 通过观察价格碰到通道时指标的行为来预测反转。首先，我们研究价格碰到上通道时指标衰落，和价格碰到下通道时指标变强的情况。然后再研究相反的情况——价格碰到下通道，指标变强，或价格碰到上通道，价格变弱。

20 世纪 70 年代初，在均线上下一定比例的地方加上两条线以形成包络线的思想开始出现。也就是把均线同时向上向下移动一定百分比的距离以形成上下两条通道，计算工作是耗时的，成本很高，所以这个办法算是简单的思想。在当时，只有书写纸、加法机、铅笔，如果运气好，能有一台计算器。

很自然，投资者很快就接受了这个思想，因为这个方法很容易找到最高点和最低点。当时人们对震荡指标的概念还是很模糊的，这样就出现了很多系统，都在研究通道内的价格波动。当时最出名的系统——如今还有很多人在用——也就是系统参照了道琼斯工业平均指数，在 21 天均线上下 4%的地方加两条平行的均线形成的系统。这个系统还带了两个震荡指标，第一个是 21 天内纽约证券交易所上涨股票的总和减去下跌股票的总和。第二个也来自纽约证券交易所，是 21 天内上涨成交量的总和减去下跌成交量的总和。价格碰到上通道，同时任何一个震荡指标变成了负数，那就是卖出信号。价格碰到下通道，同时任何一个震荡指标是正数，那就是买入信号。如果两个指标同时发出相同的信号，那就可以增强信心。如果股票的数据不够，可以使用像 21 天版的伯斯坦的日内强度指标。如今，很多人在使用这个方法或类似的方法，它们对抓住交易时机有帮助。

这个方法有多种修改形式，也确实有很多变形方法。我也有一个贡献，就是给21天指标加了背离图。背离图就是两条均线的差值图。如此，均线变成了每天的上涨减去下跌和每天的上涨成交量减去下跌的成交量，参数则分别是21和100。画出的图则是短期均线减去长期均线的结果，也就是均值差的图。

使用背离技术的好处是，长期而言，长线均线可以起平滑的作用。如果不做平滑，一个简单的腾落（缩写是A-D）震荡指标（图20.1）或上涨成交量下跌成交量震荡指标就会把你骗得团团转。然而使用均线的均值差就能很好地调整看涨或看跌的观点，避免出现问题。

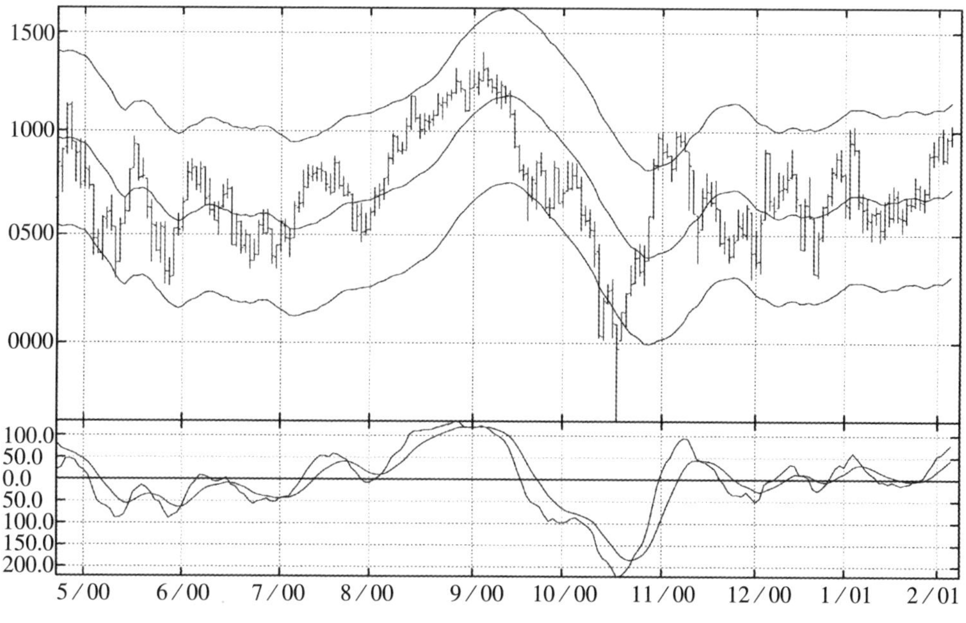

图20.1 通道参数是4%与腾落震荡指标
DJIA公司，MACD是用来生成腾落震荡指标的，这样和通道配合，能找到交易时机

使用背离技术意味着你也可以使用MACD来生成震荡指标（图20.2）。把第一个MACD参数设置成21，第二个参数设置成100，第三个参数设置成9。也就是短期均线是21天，长期均线是100天，信号线的默认值是9天。这里使用的指标是腾落指标和上涨成交量

下跌成交量指标。如果你使用的软件要使用百分比模式的指标，那么第一个参数使用 9%，第二个使用 2%，第三个使用 20%。如此，用布林通道替换原来的百分比模式的通道，你就掌握了反转系统。

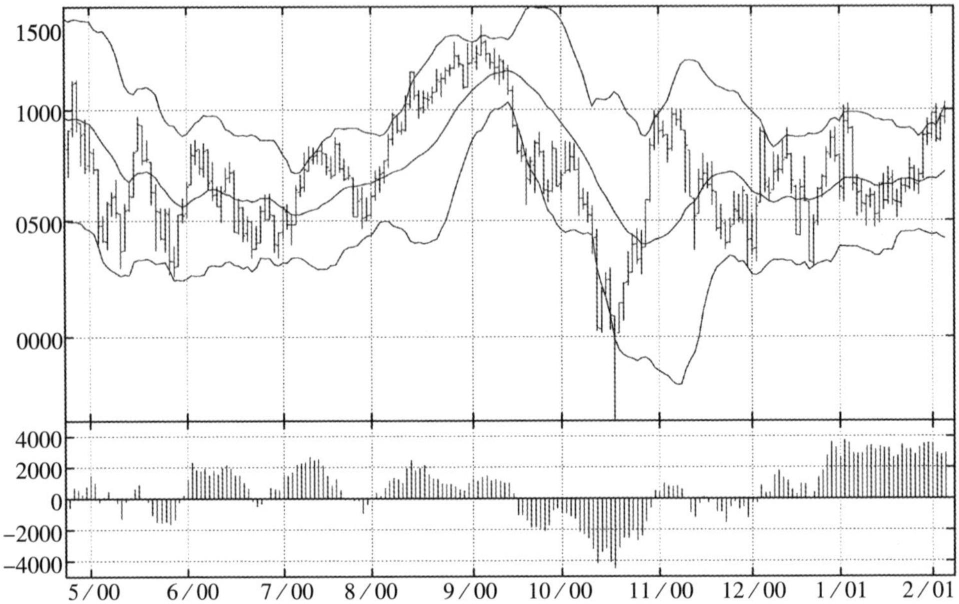

图 20.2　布林通道和腾落 MACD 柱状图
DJIA 公司，差值是图 20.1 中两条 MACD 线的差值

同理，可以用指标来确认顶部和底部，并确认趋势反转。如果价格形成了 W2 模式的底，%b 比较高，价格再重新测试之前的新低——那么就可能是 W4（图 20.3）——检查你的成交量震荡指标——资金流量指数或成交量加权的 MACD 都行，看看是不是相似的模式。如果是相似的模式，那么就在第一天强势上涨后买入；如果不是，等待下次机会。

顶部的逻辑也是相似的，但我们更需要耐心。形成顶部的时间一般比较长，且需要三波上涨的推动。在典型的形态中，每一波上涨时 %b 会更低，像累积派发指标这样的成交量指标也是如此（图 20.4）。在这种模式之后，可以看到在卖出的日子里，成交量和波动范围都比平均值大。

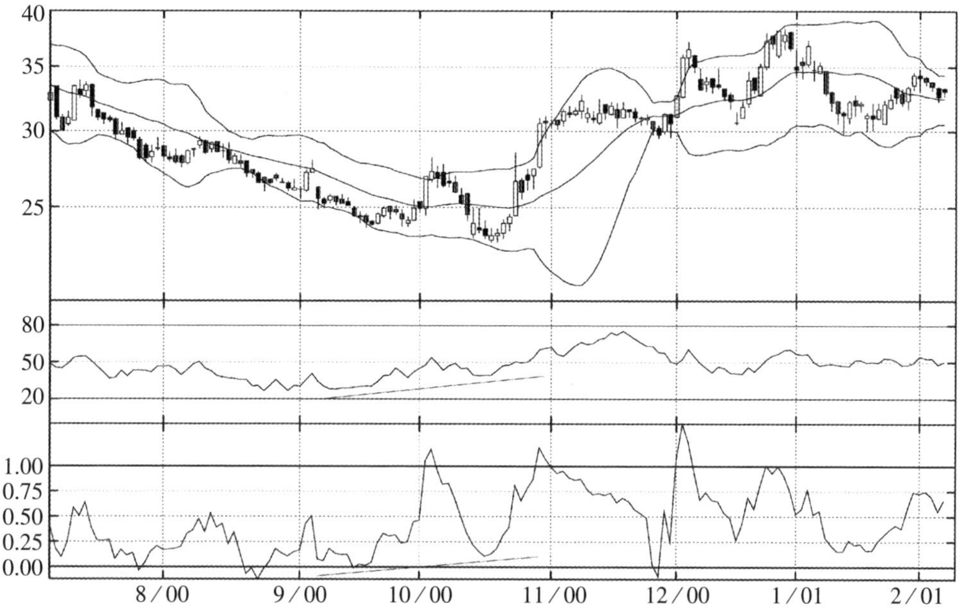

图 20.3 W2（W4）模式和累积派发指标

道氏化学公司，150天。累积派发指标和%b确认了价格的波动

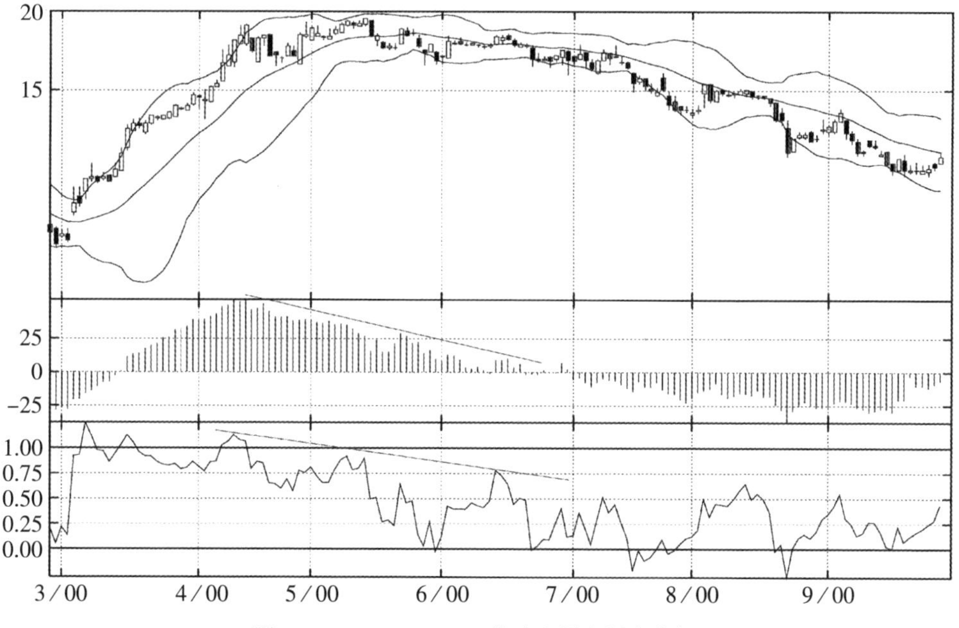

图 20.4 M16（M12）模式和累积派发指标

利安德公司150天。缓慢下跌的%b和累积派发指标形成了顶部

我们使用方法3确认顶部和底部的方法是使用成交量指标分析供应和需求的关系。是不是在W底，需求就在增加呢？如果是的，我们当然应该买入了。是不是每一波上涨的时候，供应就增加了呢？如果是的，我们应该有防范的心理，或准备做空。

方法3可以很简单地系统化。我们可以用这个系统寻找到交易机会。最好的方法就是价格碰到通道的同时像21天的日内强度指标或20天的累积派发指标是相反的——价格碰到上通道的时候指标是负数，或价格碰到下通道的时候指标是正数。这样就可以把这个方法系统化。如果%b小于0.05，且日内强度大于0，就做多。如果%b大于0.95，且累积派发指标小于0，就做空。

价格碰到了通道，同时观察指标做决定，我就是使用这个方法的，我很喜欢这个方法。实际上，对于方法3，收盘价在通道之外，但在长期支撑之上时，我会买入，不过这个不太好分析。三重底可能会被向下突破，这样的形态在图表上比较少见。但是日内强度指标很强，在最低点后，有一天价格强势上涨，很明显这是一个机会。更重要的是新低被进场点所在的收盘价确认了，我的风险已经提前计算好了，是2.5个点。按照我的思路，目标点是价格碰到上通道时，也就是在10点之外的距离，所以说风险回报比接近1∶4，不算太差！

我就是这样根据方法3选择风险回报比的。关键就是要知道哪些模式可能有机会，对于有信心的机会，就要去行动；对于没有信心的，就不要去交易。

要记住的要点

- **买入点：下通道，且震荡指标是正数**
- **卖出点：上通道，且震荡指标是负数**
- **可以用MACD计算深度指标**

第五部分
引申话题

核心内容

第五部分谈日内交易和使用布林通道把指标标准化等引申话题，还要谈论日内交易所需要的图表类型、指标、技术，以及谈论用布林通道标准化指标。

第二十一章

指标的标准化

布林通道不仅仅可以使用在证券和股指期货上，它还可以使用在利率、经济产品、基本数据、成交量和技术指标上面。这些标的是不是震荡的，或有界限的，这些都不重要。不管是什么标的，布林通道的功能就是为价格服务的，定义最高点和最低点的相对位置。它们可以看见其他方法和原则看不到的深度。

以相对强弱指标为例。当指标涨到了 70 以上，就是超买；当指标跌到 30 以下时，就是超卖。也是在指标涨到 30 以上买入，跌到 70 以下卖出。这么做可能有问题，有时候有效，有时候无效，甚至会彻底失败。

关于相对强弱指数，更有效的方法是，当价格长期上涨时，有些分析人员建议 80 和 40 才是比较好的标准；当价格长期下跌时，分析人员又建议 60 和 20 是比较好的标准。实际上，指标值碰到 80 应该可以定义为上涨的趋势，如果到了 40 则是超卖了；如果指标值又到了 20，那就反转了趋势，形成新的下跌趋势，那么现在 60 就是超买了。由此说来，相对强弱指数不但可以定义大趋势，还可以用到自己做决策的时间框架来确认超买或超卖。

这里有点偏题，但不离宗旨。过去，超买和超卖是用来表述极端情况的术语。1974 年秋天，在大熊市之后，市场是超卖的；1962 年春天，疯狂的股市是超买的。分析师看到了这些反复发生的现象，就对这些长期的反转点做了定义。随后，市场见证了时间框架的无情收缩，这些定义成为了投资者常常讨论的东西。如今的超买和超卖针对的是最短的时间框架，早期的分析师会觉得现在这么说太不可思议了。然而，我们必须接受基本的定义是对所有时间框架有效的。

相对强弱指数的时间框架受市场环境的影响有所改变，现在和过去对指标值30～70这个区间理解不同了，但我们还是可以做得更好，如何做到呢？把布林通道和指标画在一起，利用通道来设置超买和超卖的水平。如果这样使用布林通道，我们要使用一个完全自适应市场的方法。首先要设置布林通道和指标，然后还有一个技术。

指标比股票还要多种多样。大部分股票采用20天均线和2个标准偏差的布林通道就行了，而每个指标都对自己的参数很讲究（表21.1）。通常，对股票而言，合适的均线运行的时间长，我在测试成交量的50天均值时就明白了这点。指标公式就没有合适的通用参数。然而，还是有一些效果不错的设置的，相对强弱指数是14天和50天，布林通道的参数是2.1个标准偏差。如果使用这样的参数组合，是可以确认出大部分股票的超买和超卖的，明显的背离会在很多反转点被描述出来的。

表21.1　指标和布林通道同时使用时各自的参数值

指标	布林通道均线参数	布林通道宽度参数
参数为9的相对强弱指标	40	20
参数为14的相对强弱指标	50	21
参数为10的资金流量指数	40	20
参数为21的日内强度	40	20

有眼光的人会很快就找到合适的布林通道参数及指标参数。我在前面已经讲过了如何找到合适的参数。你要仔细观察，在上涨的时候，均线和上通道的关系，在下跌的时候，均线和下通道的关系。然而，均线总体上要待在图表的中间，因为资金流量指数大致在25～75之间，相对强弱指数紧点，在30～70之间。如果均线碰到了上下通道，那么你的均线参数太小了。如果均线在中间慢慢移动，那么你的均线参数太大了。通道标准偏差从2开始，这样能保证85%～90%的数据都在通道内。

这些指标参数变化的原因是，指标的分布和股票很不同。实际上，一些指标都不是正态分布的。随机指标一般都有一个很胖的尾巴，甚至出现 U 形分布，且尾巴比中间还胖（图 21.1），相对强弱指标的尾巴则瘦些。然而，你不必担心随机指标。如果你遵守以上讲的内容，你会找到一个有用的方法。

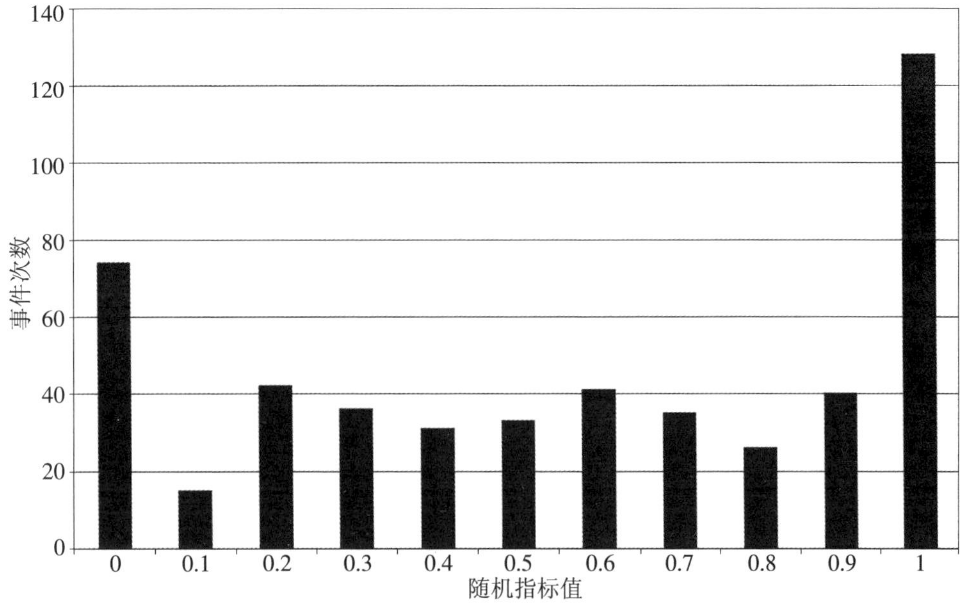

图 21.1　分布图，10 天随机指标

IBM，2 年。这恐怕不是正态分布

如果相对强弱指数是 70，那么就把上通道当做超买水平。如果资金流量指数是 20，就把下通道当做超买水平。如果你的参数是正确的，所有的原则就会有效的，比如价格上穿下通道就买入，或价格碰到上通道就当做是超买信号。这样就不必担心死板的框架和原则了，它们就没有意义了。把通道内的指标当做向导，抓住交易机会就行了。

再谈下一个技术。%b 指标通常用来描述数据的点位，尤其是通道内最后的价格或收盘价的点位。如果%b 的值是 1，那么价格在上通道；如果值是 0.5，价格在中通道；如果值是 0，价格在下通道。%b的值并非仅限于0～1。值是1.1告诉我们价格在通道上面通道宽度的10%处，如果值是－0.15，它告诉我们价格在下通道下面通道宽度的15%处。第一，计算并画出你的指标。第二，画出布林通道，用刚才说的方法设置参数。第三，计算%b（表21.2），使用刚刚画好的指标和通道。第四，画出标准化的%b！哈哈！请看图21.2和图21.3，都是使用资金流量指数指标的图。

表21.2 标准化的指标公式

（指标－指标下通道）/（指标上通道－指标下通道）

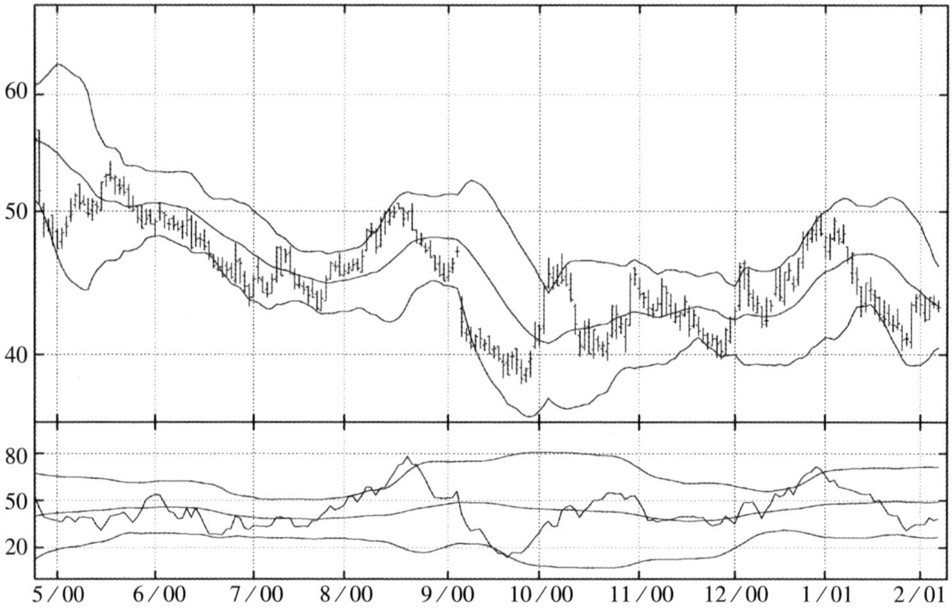

图21.2 资金流量指数指标和布林通道
杜邦公司，150天。通道定义了最高点和最低点，而不是采用死板的指标值20和80

我们要做的就是把上下通道当作界限画出——而不是像画相对强弱指数指标的0～100那样的绝对范围。这个标准化过程是使用%b公式中最重要的。我画出的%b（相对强弱指数指标）就是标准化的样子（图21.4，图21.5）。

图 21.3 %b（资金流量指数指标）

杜邦公司，150 天。超买和超卖被清晰地定义出来了

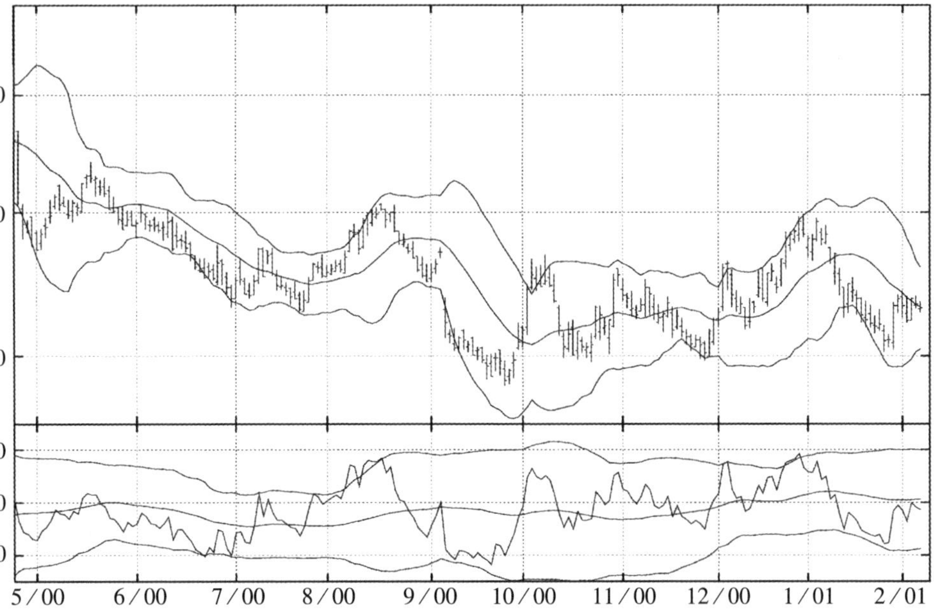

图 21.4 相对强弱指数指标和布林通道

杜邦公司，150 天。请注意通道定义超买和超卖是多么好啊

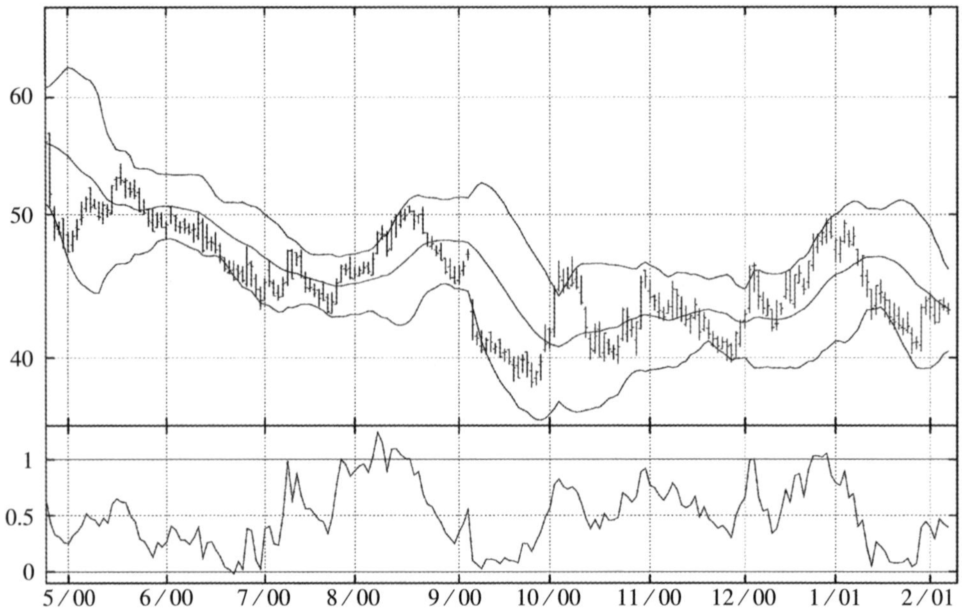

图 21.5　%b（相对强弱指数指标）
杜邦公司，150 天。更好地观察指标运动

用布林通道，能把一个指标标准化，并放在一个交易系统里面，且适应性很好。这个技术可以使用到敞开式的指标上，也就是每天计算累计值的指标；也可以使用到震荡式的指标上，也就是数字在提前定义好的区间内上下摆动，或在中心线上下摆动。无论是哪种指标，投资者都可以很好地结合这个以前没有的自适应的好办法，并根据最高点和最低点做好交易。

要记住的要点

- 用布林通道标准化指标
- 通常需要参数大的均线
- 尝试去使用指标%b 和其他指标

第二十二章
日内交易

做日内交易的人也喜欢用布林通道。他们在各种时间框架中使用它，方法也很多。如果把指标和通道放在一起，能形成趋势或动量指标。成交量指标也是不错的选择，但日内交易者很少用。

日线交易的关键是选择图表，最好的是分钟图。大部分交易者都想使用分钟图做短线参考。图表上会显示最新的买入价和卖出价——对于非常活跃的股票，这样显示图表会显得比较拥挤。使用分钟图可能会给你带来麻烦，你以为趋势行情很大，而实际上并没有那么大。如果你只看 1～2 天的图表，没问题，但是对于活跃的股票，即使是一天的图表，里面也密密麻麻地挤满了各种形态，从而导致无处下手。如果是这样的话，也许你要把图表转换成半天的，才能看清楚行情。

你要知道正常的交易时段，并把这些时段设置成默认的图表。如果发生了特别事件，你可以改变这些设置——比如突然暴涨等事件——同时你要保证图表的连续性。如果你的指标需要读取不同时段的数据，那么连续性是很重要的。

一谈到图表分析，就要说竹线图和蜡烛图原则。如果做短线，你要保证图表上能显示活跃的竹线。最简单的量化活跃竹线的方法就是看每条竹线的收盘价。如果收盘价在大部分时间看起来都是最高价或最低价，那么这个股票的竹线图是太短了（图 22.1）。此时你要慢慢放大竹线图的时间框架，直到合适的竹线出现为止（图 22.2），这样价格就在最高价和最低价之间上下波动了。这么做的目的是一眼能看清价格的形态机制，而不是简单地记录买入价和卖出价之间的上上下下。一旦你知道了短线采用什么样的时间框架，你就可以选择长线图表来实现中线和长线的目标。

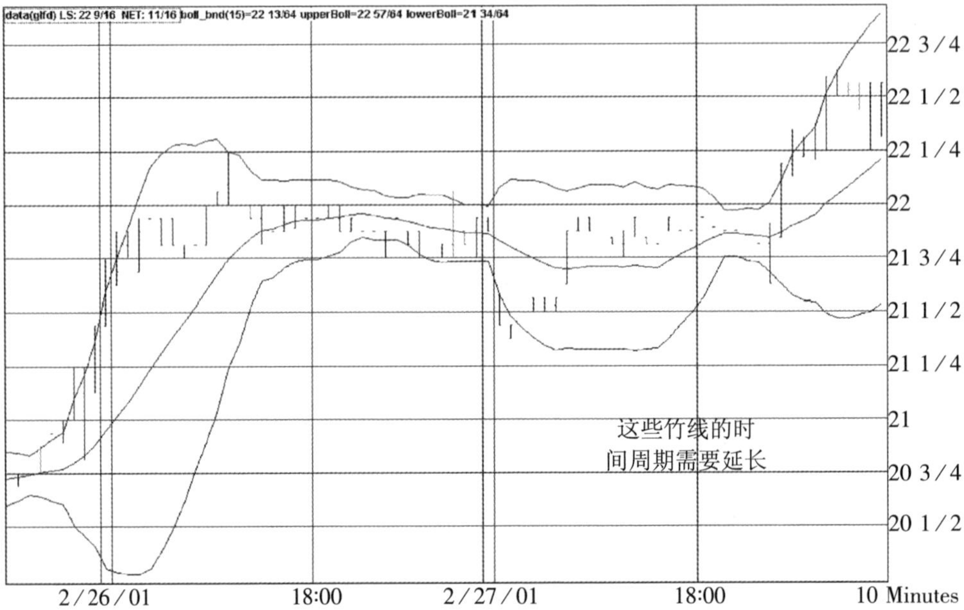

图 22.1 短线竹线图——竹线太短

吉尔福特公司，10 分钟竹线。时间框架太小，竹线不连续，很多收盘价收在最高价或最低价，价格行情不大，延长的收缩形态

如果你找到的图表能清晰地显示所有的信息，你就能把交易做好。一般人不会去考虑日线、周线、月线、季线，但是你要如何理性地划分日线呢？从小时图开始——把开盘时的半小时当做一个小时。那么在图表上就是每天 7 个小时。把开盘前的时间和收盘后的时间都当做一个小时。如果这样的话，每天有 9 个小时。我最喜欢的方式是——半小时，也就是开盘前的时间和开盘后的时间分别算一个时段，如此一来，每天有 15 条竹线。

你的图表模式要在心理上符合你的要求，要符合交易的自然节奏。否则，形态所包含的信息就丢失了。当然了，你必须明白什么才符合你的风格，什么是你的交易工具。无论你用什么工具，在不违反你的风格的前提下，尽量让图表反映市场现状。

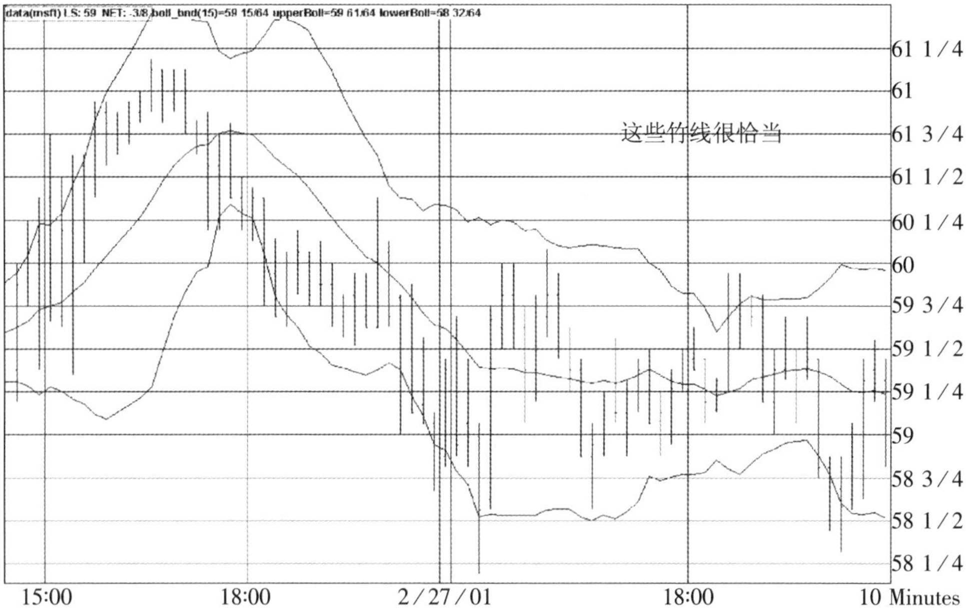

图 22.2 短线竹线图——正确的竹线

微软公司，10 分钟竹线。这是对价格比较好的描述

图表问题解决了以后，就要考虑使用哪个技术了。对日内交易来说，本书所讨论过的布林通道和相关技术都是有用的，很多讨论的东西可以直接用上。我和日内交易者谈论过，我发现他们重点用两个方法，一种是追涨杀跌，一种是做震荡突破。这两种方法都适合用布林通道来做。

让我们回顾一下，《商品交易者消费调查》的出版人布鲁斯·巴布科克说他最喜欢的交易方法是波动性突破系统。这个系统和布林通道有很多相通之处（请看第十五章和第十六章，如何用布林通道构造波动性突破系统）。一般情况下，均线和通道的参数都要小。收缩发生后，如果价格超过了上通道，那么就是买入信号。可以使用抛物线指标止损出场，价格再次跌到通道内也可以算是出场信号。下跌同理。收缩后，价格跌过了下通道，就是卖出信号。同理，价格再次进入通道内，或碰到了抛物线指标，那么就要止损。如果没有收缩现象，那么交易突破时要特别小心。根据我的经验，使用突破方法必须有收缩现象。

如果是追涨杀跌，做日内交易时布林通道可以提供超买或超卖等参考信心。价格涨到了上通道以上很远处，当价格开始变弱时，此时可以卖出，把最高点作为止损点。下跌也是同理。因为通道本身就能给出信号，在大行情之后，如果下通道上涨，那么这是行情结束的信号。如果通道参数和股票很搭配，可以在中通道建仓，在价格回调时加仓。

成交量指标对日内交易也很有用，但是由于成交量在日内的分布不平均，所以它们也会造成问题。尤其是当成交量集中于开盘和收盘的时候更是有问题。你可以尝试本书中提到的成交量指标，看看哪个适合你。如果竹线真实地反映了交易机制，那么使用累积派发指标和日内强度指标也是很好的。资金流量指数指标和成交量加权的 MACD 也不错。

如果你使用的图表不连续，那么要特别注意中间的断带。如果有跳空缺口，更要注意。即使你所在的市场收盘了，其他市场没收盘，价格形态和机制还在持续进行着。其他交易所、收盘后、开盘前、跳空缺口、第二天的开盘情况都会给出新的信息，所以要注意。这些信息会破坏均线、通道和指标等。

虽然需要做一些小变化，但所有的布林通道技术对短线交易都是有用的。问题是，你要选择适合自己风格的方法，并选择好的图表时间框架。

要记住的要点

- 认真选择适合自己的图表
- 如果要交易收缩后的突破，布林通道的参数要小点儿
- 价格在通道之上反转时要卖出
- 可以尝试成交量指标
- 要注意不同时区、不同国家、不同交易所对同一个品种的影响

第六部分 总 结

核心内容

第六部分做总结。先讲使用布林通道时的15个基本原则，然后讲结束语。

第六部分之后还有三段内容：尾注、词汇表和参考书目。尾注是一些在原文中不方便说的想法，词汇表给词汇下定义，参考书目则是供你继续阅读的书目。

第二十三章 布林通道的 15 条基本规则

在使用布林通道的时候要记住这 15 条基本原则：

1. 布林通道定义的是相对的最高点和最低点。
2. 对价格波动和指标波动做出相对的定义是为了让你做出合理的买卖决定。
3. 合适的指标可以来自动量、成交量、观点调查、持仓量、不同市场之间的数据等等。
4. 布林通道内已经包含了波动和趋势，所以不推荐使用它们确认价格波动。
5. 用来确认的指标之间不能互相有关系。同一类的两个指标不能互相增加确认度，要避免这个陷阱。
6. 可以用布林通道来确认 M 顶、W 底和动量变化等价格模式。
7. 价格会沿着上通道上涨，或沿着下通道下跌。
8. 如果收盘价在通道之外，趋势是可以继续下去的，不一定就是反转信号——一些非常成功的使用布林通道的波动性突破系统就说明了这点。
9. 布林通道均线的默认参数是 20 天，通道宽度的默认值是 2 个标准偏差。对于特定品种或市场，这些参数是不同的。
10. 均线不是最好的交叉信号，但能很好地描述中期趋势。
11. 如果把均线的参数放大了，标准偏差也要相应地放大——参数分别从（20，2）到（50，2.1）。同理，如果均线的参数被缩小了，标准偏差也要相应地缩小——参数分别从（20，2）到（10，1.9）。

12. 布林通道建立在简单移动平均线的基础上。原因是简单移动平均线要被用来计算标准偏差，我希望它们是持续一致的。
13. 在计算标准偏差的时候，要注意统计预测。大部分统计的样本都偏小了，分布也不是正态分布。
14. 指标可以被标准化并和%b 指标一起使用，这样避免了一些固定的障碍，指标就有了可比性。
15. 最后，如果价格碰到了通道——切记，它们不是信号。价格碰到了上通道并非卖出信号，价格碰到了下通道也并非买入信号。

第二十四章

总　结

本书一开始讲了相对性，所以结束时还是要回到相对性。奥利弗·温德尔·霍姆斯认为法律必须与时俱进，他反对主观办案。从这个角度来说，霍姆斯是聪明投资者的典型。他用相对的角度来看待案件、法律和社会。他不让情绪控制自己，也不让个人主观信念干扰自己的决定。另外，他强烈反对让法官制定法律。这些原则——相对性、纪律、公正——都是投资需要的。要想成为霍姆斯这样的投资者，你得看看你的信念是否如此，要在相对的框架里做决定，这样就免受情绪干扰，同时不要随时改变这些原则。

本书提到的相对决定框架是可以运用到其他地方的。它可以让你多年保持稳定。市场在改变，经济在改变，投资者和所有东西都在改变。然而这些工具，能根据市场变数、价格、波动和成交量的变动而适应市场。

音乐评论家斯科特·雅诺在《爵士乐指导》（米勒弗里曼图书出版），这样描述音乐家亚伯特·艾勒：

可以这么说，次中音萨克斯风手亚伯特·艾勒的音乐风格从大喊大叫转到早期的新奥尔良步进管乐，是因为他走得太远了，最终又回到了起点！

布林通道和相关的工具，技术都很先进，你可以使用它们认真做交易和投资。总而言之，使用这些工具就能回到基本的地方。你可以判定我是否走了亚伯特·艾勒的老路，我希望我走了。

发明了布林通道这样的技术后，一个最大的快乐就是看见其他人在使用它。布林通道的使用方法很多，我希望你能开发出自己的分析技术。如果你有了新的发现，新的发明，请告诉我啊。你可以发电子邮件到 BBand. s@BollingerBands. com 找我。

最后，但并非是最不重要的。总是有人问我如何为投资做准备。首先，大学统计学的课程能帮助你认识数字。第二，心理学课程能帮助你了解市场，最好是大众心理学。最后，要学习如何编程。BASIC 语言是最好的起点，LISP 也是。虽然很多开发者在使用 C 语言，但 BASIC 语言已经足够了。LISP 算不上编程语言，但学会它还是有趣的，不管是使用哪种语言，LISP 的一些技术都是有帮助的。不管你做什么，不要被电脑吓唬了。它们只是工具，值得你研究，也很有趣。

兴趣是很难培养的，一路小心。

尾 注

前言

1. 多年来，很多优秀的技术分析都融入了量化和行为原则中。如今有很多人在使用定量分析，它的大部分内容就是技术和基本面分析的概念。人们总是认为行为学派的人是学院派的，但是他们如今也在投资界取得了进展。理论的分类容易让人头晕，但理性分析的概念没错，不管它是哪一类的，只要是有用的就可以学。

第一章

1. 迈克尔·怀特和约翰·格里宾，《爱因斯坦：一生的科学》，1994年纽约杜顿图书出版。
2. 奥利弗·温德尔·霍姆斯，《普通法》，1881 年波士顿小布朗公司出版；波士顿的多佛出版公司于 1991 年重印。

第二章

1. 曲线图能给人一种假的持续的感觉，因为曲线图是把一些点连接起来的，而这种连接并没有逻辑上的意思。对于相互独立的指标或其他数据，如果简单地把一些点连接起来，这样造成的连续感觉是有问题的。
2. 实际上点数图是可以用时间表示的。比如日线图上面的 X 或 O 可以用数字代替，1 代表 1 月，11 代表 11 月等等。其他时间框架也可以使用类似的方法。
3. 50 天均线很常用，对大部分交易者来说是不错的。然而，你可以根据自己风格使用大参数或小参数。

第三章

1. 计算布林通道均线参数的时候，还有另外一个办法，那就是做价格均线交叉优化。你可以根据价格和均线交叉结果产生的买卖信号做测试，以找到最好的参数。这个方法通常都是正确的，也可以作为对目视方法的检查。这个方法后面的逻辑是循环分析，很多均线都能产生有用的结果。
2. 在开发交易系统的时候，对参数不能太敏感是一个关键标准。比如，如果一个系统的 18 日、20 日和 22 日均线能产生相似的结果，而另外一个系统只有 20 日均线能产生最好的结果，而 18 日和 22 日均线的结果一般，那么前者好于后者。

第四章

1. 请看加菲尔德·德鲁的《股市赚钱新法》，1955 年由柏林顿的弗雷泽图书出版，里面讨论了一些著名的投资方法。
2. 有些高度自适应的系统应该是个例外。模糊逻辑、神经网络工程和基因法则等工具也许能让一个系统实现生存的自适应能力。请到 www.EquityTrader.com 网站寻找例子。

第五章

1. 最终，到处传播的概念得到了广泛的认可，然后就会被稀释，甚至被反转了。长期表现优秀的小盘股，由于得到了太多的拥抱，结果它彻底消失了。用术语说就是“套利把它套没了”。一个概念只要被大众接受了——几乎每个人都知道，那就会出现这样的情况。

第六章

1. 技术分析的历史并不是很清楚。我曾经苦苦研究它的历史。大部分资料来自投资报告或相关文件。很多原始的文件都丢失了，或者被故意损坏了。很多知识和技术都成了秘密，很多专业人士则偷偷地传承着这些秘密。很多公开的方法都是互相矛盾的，真正懂的人又不说话。我希望有人告诉我所有的关于通道、包络线、相关的指标或系统。

2. 典型价格是很古老的技术。最常用的公式是（最高价＋最低价＋收盘价）/3。如果有开盘价，我希望是（开盘价＋最高价＋最低价＋收盘价）/4。我以前就推荐过用典型价格计算布林通道，它现在还是很有用的。使用典型价格计算的布林通道有点慢，通道有点平滑，在很多时候，它还是有优势的。
3. 理查德·丹尼斯是著名的商品交易者，他把他的技术教给了一些交易者。这些交易者被称做海龟。
4. 赫斯特现在已经隐居了，他在20世纪70年代曾经讲过很多研讨会，讨论他的很多研究内容。大家都以为他的大部分资料都丢失了，直到南加州格林维尔市交易者出版社的埃德·杜布森再次找到赫斯特并重新出版了他的《循环技术培训教材》，原书于1973年出版，里面的课程包含三册和一套磁带。
5. 股市宽度指市场统计数字，比如上涨和下跌的股票，每天上涨和下跌的成交量，最新的52周最高价和最低价。这些数字都是用来描述市场的宽度——理论上，参与的人越多越好。
6. 布林通道计算公式中计算均值的平方才导致它的适应性很好，尤其是当价格突然变动的时候。

第七章

1. 事实表明，过去的波动、预测的波动或潜在的波动是相关的，它们之间的差别包含着有用的交易信息。
2. 总体样本计算是给布林通道用的，并非是估算法，估算法会把除数变成 $n-1$。我也不知道这么做的理论原因是什么。只是觉得最初测试的时候效果很好，所以就使用了。如果用估算法，通道会变得有点宽。
3. 还有一个原因，不过超出了本书的范畴，我简短地说说。股票的价格不是正态分布的，它们的分布比人们想象的要易变。这就叫“胖尾巴”。因此很多统计学并不成立。比如，30天均线能包含

89%的数据，并非人们想象的能包含95.4%的数据。请参看第九章。

4. 马克·蔡金在研究鲍马通道的时候建议通道包含85%的数据就行了，他的建议是很有用的。所以我很高兴我的测试也在这个范围内。

第八章

1. 了解技术分析的人也许知道乔治·莱茵的随机指标公式。基本的随机指标公式是（最近的价格－过去 n 时期内的最低价）/（过去 n 时期的最高价－过去 n 时期内的最低价）。莱茵先生把自己的指标命名为%d，%k 等。所以，结合他的系统和我自己的方法，并按照他的命名方式我命名了%b，我已经确认了没有和他的重合。乔治·莱茵出生于中西部，他在赛斯纳向商品交易者传授他的交易方法，其中大部分交易者是农民。他所在的地方很喜欢宗教，他的演讲就像复兴运动。人们不会忘记他的！他是第一个教我上涨3波推到最高价的人——我永远不会忘记他的传授风格。我越来越感激他。他使用随机指标来分析上涨3波推到最高点的概念，我则使用布林通道和成交量指标。我经常在想，如果他更多地研究股市，股市和商品不同，商品的成交量第二天才出来，而且是估计的数值，那么他现在会使用什么指标呢?
2. 数字表明，布林通道宽度的默认值等于均值除以标准偏差的4倍，或是变量系数的4倍。我还是没有统计确认过这点。我只是说我使用这个计算方法的起源。
3. 凯恩先生也支持使用三个时间框架。他的方法就叫“三技”，从左到右包含了三种图表。

第九章

1. 计算标准偏差的方法有两种，抽样的和总体的。区别就是最后的分母，抽样的用 $n-1$，总体的用 n。
2. GARCH（广义自回归条件异方差）和 ARCH（自回归条件异方差）都是研究波动循环的数学理论。如果想了解更多的知识，可以到 http：//www.mathworks.com/access/helpdesk/help/toolbox/garch/chapl-tu.shtml 去看一些免费章节。对于大部分人来说，整个章节就复杂了，看看前面的内容就行了。

第十章

1. 本书无法谈所有的技术模式。可以到参考书目中去找沙贝克、爱德华和麦基的书。
2. 《雷诺士系统》的作者是山姆·卡什·卡西跟，也是《统计学分析》的作者（请看参考书目）。
3. 同样的分形模式在各种层次都会出现。如果在一个大的头肩顶的右上角又看见了一个小的头肩顶，这就叫分形。混沌理论会谈到分形。这方面最好的读物是詹姆士·格莱克的《混沌理论》，1987 年在纽约由维京出版。

第十一章

1. 对于期货合约，由于保证金制度的存在，使用点数比较好。当你持有期货合约时，你不必支付期货合约的总价值，你只要支付保证金就行了。对于交易者来说，在 20 元变动一点儿，和在 100 元变动一点儿，它们的经济价值是一样的。
2. 麦考利在 20 世纪 30 年代初完成了平方根原则的工作。但是我找不到相关的文件来证明这点。佛瑞德·麦考利还提出了标准的测量通道波动性的方法。要想了解更多平方根指标，请看诺姆·弗斯贝克的《股市逻辑》（请看参考书目）。
3. RTR 软件公司支持布林格子。要想在他们的软件 TechniFilter 中看见布林格子，“盒子大小”要使用 nnmm％的形式，nn 是倍数，mm 是 0.nn * last^0.mm 公式中的力度。如果是简化的布林格子，“盒子大小”是 1750％，“反转”是 3，“方法”是最高价：最低价（估值方法）。感谢克雷·伯奇在这方面提供的帮助（http：//www.rtrsoftware.com）。
4. 他测试失败的原因可能是他把每只股票的波动性当作过滤机制，结果把很多信号过滤掉了。当 www.PatternPower.com 开始测试时，它使用了相同的模式，用布林格子代替了波动性过滤器，实现了很好的结果。

5. 大写的 M 和 W 模式都包含了连接 5 点的方式。一共有 32 种可能的方式连接 5 点。

第十二章

1. 马克·道格拉斯在他启发思想的书《自律的交易者》中把贪婪定义为“担心不够”。情绪在市场中的表现真值得我们深思熟虑，根据定义，分析师的工作也是有趣的。
2. 经验可以证明“跌的比涨的快”。比如在 2000 年春天，熊市袭击了纳斯达克，指数跌了 37%，3 周下跌的空间是过去 4 个半月才涨上去的。

第十三章

1. 我认为，在分析头肩形态时，抓住 M 形态是最简单的方法。因为在逻辑上 M 形态总是和顶部在一起，W 形态总是和底部在一起。

第十四章

1. 像成交量这样的指标一般有两种形态，敞开式和封闭式的。敞开式的指标是从起始点——通常是第一个数据点开始计算累计值。封闭式的指标也是计算总值，但它计算的是一定时期的总值，比如 10 天或 20 天。敞开式的指标可以放在价格所在的窗口进行对比；封闭的指标通常是放在单独的窗口当做震荡指标使用。
2. 艾略特的波浪模式是三个内在循环的复合体，每个循环的长度是前一个循环的一倍（三种时间框架再次出现!）。我于 1986 年测试实现了这个过程。我当时是用微软的 BASIC 语言编程的，它可以让你测试三种循环并检测结果。

第十五章

1. 数学计算证明通道宽度等于均值除以标准偏差的 4 倍。统计证明这是变数系数的 4 倍。

2. 在我举办的布林通道研讨会上会给收缩一个更复杂的定义。首先画出 20 天收盘价或典型价的标准偏差。再画出 125 天均线，1.5 个标准偏差的布林通道图。当 20 天标准偏差碰到了下通道，收缩就发生了。
3. 也许假动作来自“当消息出现时就卖出”的思想。是不是因为当消息出现时，交易者就利用消息改变仓位，结果就暂时改变了市场的行为。

第十六章

1. 这个逻辑和凯尔特纳的 10 天均线进场逻辑相似，但出场逻辑不同。凯尔特纳的方法是永远在市，不是做多，就是做空。我的方法则是选择风险回报比有利的少量机会。
2. 史蒂夫·诺迪斯在 20 世纪 80 年代中期在他的《专业突破系统》中讲了很多这样的技术。
3. 如今有很多行情软件支持抛物线指标。请看威尔斯·韦尔德的《技术交易系统新概念》(请看参考书目)。书中说抛物线是一个完整的系统，但我们只是用它来出场。

第十七章

1. 日内强度指标用来反映机构交易者的图谋，因为他们是为基金买卖的。在收盘前，它认为交易者会把订单下在他们想下的方向，这样就能根据收盘价的位置预测未来的价格。

第十八章

1. 累积派发指标计算的是开盘价。多年来《华尔街日报》每天都公布开盘价、其他价格和成交量，但是在 20 世纪 70 年代初，它为了增加股票数量就把开盘价取消了。结果导致几代分析人员和交易者是在没有开盘价的环境下成长的——随着股市数据电子化传播的出现，这件羞愧的事被改正了。
2. MACD＝12 日指数平滑均线－26 日指数平滑均线。信号线＝MACD 的 9 日平滑均线。

3. 要想计算成交量加权的均值，要把那段时期内价格乘以成交量。然后再一一加总。最后用总和除以总成交量。10 天成交量加权的均值公式是：（最新的价格×成交量）的 10 天的总和/10 天成交量的总和。

第十九章

1. 威尔斯·韦尔德的抛物线指标会在特定的变数从 0.02 慢慢涨到 0.2 的过程中跟踪止损。如果起始数值太大，或导致止损点移动得太快。这样会让你快速止损，但在回调的时候会导致洗盘。

第二十章

1. 我们研究一下阿姆斯指数，它确认了纽约证券交易所长期向好。阿姆斯指数描述了品种和成交量之间的平衡。公式是：（上涨/下跌）/（上涨的成交量/下跌的成交量）。阿姆斯指数的中间值是 1，强势上涨的时候小于 1，下跌的时候大于 1。它的长期均值是 0.85，而不是你想象的 1.00。这说明股市长期向好，只是可能要适当调整。
2. MACD 使用指数平滑均线，在过去则常常用百分比。计算百分比的公式是 2/（n+1），n 是天数。
3. 如果你想尝试很多信号，你可以把参数改成 30 天或更大。
4. 21 天的日内强度指标或累积派发百分比也很有用。

第二十一章

1. 安德鲁·卡特威尔在研究相对强弱指数的时候做了大量的工作，正在准备写书谈这个话题。
2. 1962 年，保龄球股票就像如今的互联网股票一样狂涨，然后在电闪雷鸣之间就崩跌了。当时认为保龄球运动会成为美国的伟大悠闲运动——每条街道都会有保龄球馆，每个人都会去打保龄球。保龄球馆有自动探球装置，预期生意会大涨。

第二十二章

1. 一个有趣的方法就是用 MESA 语言决定主循环的参数，然后让竹线跟着着这个循环走。如果你发现循环是 80 分钟，你就用 20、40、80 和 160 分钟图。
2. 处理成交量分布的问题可以采用标准化的方法，但超出了本书的范畴。

词汇表

加速：这是一个指标，衡量变化的变化率，或价格的变化。这个方法能对趋势的改变做出预警。请参看速度和变化率。

累积：“主力”或“知情人士”预期股票要涨、买入股票的过程。这是技术派的核心概念。很多指标关注这个过程，尤其是成交量指标。原理是，在股票的大行情发生之前，一些聪明的投资者预期股票要大涨，他们就开始买入股票，这个累积过程是可以探测得到的。请参看派发。

累积派发指标：根据开盘价和收盘价的关系计算的成交量指标。这是拉瑞·威廉姆斯根据日本蜡烛图的概念创造的，所以也叫日本成交量。公式是：（收盘价－开盘价）/（最高价－最低价）×成交量。请参看资金流量指数和成交量指标。

上涨下跌线：每天的上涨股票减去下跌股票的累计值指标线。它的长期表现不如均线，所以很多人说它没用。然而，使用 21 天参数的这个指标和通道放在一起的话，是一个有趣的市场时机工具。

阿尔法：在没有外在影响的前提下计算证券收益的数学方法。EquityTrader. com 网站会计算市场的阿尔法值。

等差度量：一种画图度量方法，不管价格水平如何，图表上相同的点数具体代表相同的价格。请参看对数比率度量。

阿姆斯指数：是理查德·阿姆斯创造的，计算描述股市买方力量和卖方力量的平衡。计算用到了上涨的股票数、下跌的股票数、上涨的成交量和下跌的成交量。当值为 1 的时候，双方的力量是平衡的。值大于 1，卖方占主导。值小于 1，买方占主导。由于股市长期向好，这个指数的平均值是 0.85。这是一个有趣的市场时机工具，开放的阿姆斯指数可以用指数来创造，也叫 TRIN。公式是（上涨的股票数/下跌的股票数）/（上涨的成交量/下跌的成交量）。请参看开放的阿姆斯指数。

支撑：请参看回调。

平衡基金：一种包含了债券和股票的投资工具。随着市场的变化，它会改变仓位。最近的平衡基金既持有长线仓位，也持有短线仓位。

通道：根据一定的中线趋势，在价格上下画的线。请参看平行通道和包络线。

通道宽度：布林通道的一个指标。公式是：（上通道－下通道）/中通道。请参看收缩（现象）。

竹线图：带有垂直竹线的图表，竹线代表了一段时期内的交易情况，价格在 y 轴，时间在 x 轴。竹线的最高点是最高价，最低点是最低价，向左伸出的小横线是开盘价，向右伸出的小横线是收盘价。

底部：证券在下跌后形成的相对狭窄的交易区间——这通常是上涨的序曲。最近比较流行的说法是整固。

熊市：一段时期的价格下跌。

贝塔：一种计算证券对市场反应的数学方法。中性的贝塔值是 1.0，2.0 说明证券涨幅是市场的 2 倍，0.5 意味着证券的涨幅是市场的一半。EquityTrader 网站会计算不同品种的贝塔值。请参看阿尔法。

毕苏期权估值模式：最出名的期权估值模式。用来计算期权的价值和波动性。是非常有用的工具，大部分技术分析软件都会包含它。你可以参看关于期权的书，比如 1986 年纽约金融机构出版的，劳伦斯·麦克米兰写的《期权策略投资》。

布林通道：均线上下的通道，用来定义相对的最高点和最低点。通道宽度是标准偏差和价格的产物。默认的布林通道是 20 天均线和 2 个标准偏差。

布林竹线图：一种竹线图，如果收盘价高于开盘价，那么开盘价和收盘价之间是绿色的；如果收盘价低于开盘价，那么开盘价和收盘价之间是红色的。总体而言，它是日本蜡烛图和西方竹线图的混合体。

布林格子：确认点数图格子大小的方法。目前 RTR 软件公司的 TechniFilter Plus 产品支持布林格子。

鲍马通道：鲍勃·布洛根和马克·蔡金创造的交易通道，它分布在均线的上下，能包含过去一年 85%的数据。

底部：价格在低价时期的技术形态。V 和 W 形的底部最常见。V 形常被称做针尖底。W 模式包含两波下跌，第二波下跌是为了测试第一波下跌时形成的最低点。

宽度：交易所股票的数字能预测未来的行情。如果总体数字大，宽度就好，可能有行情。如果总体数字小，市场就很窄，可能有问题。

突破：价格涨到阻力区以上。尤其是对震荡区间的突破。（向下突破也是同理，只是价格更低。）

牛市：一段时期价格的上涨。

看涨期权：一种期权，持有者有权利—但不是义务—在特定的时期以特定的价格购买一只证券。请参看看跌期权。

蜡烛图：一种日本的画图方法，以体现开盘价和收盘价的关系，以预测价格的波动，图表上的实体采用“蜡烛”的形态。当传统的西方画图方法不好用时，这种图表能提供比较好的视觉效果。EquityTrader. com 网站采用蜡烛图，如果收盘价高于开盘价，蜡烛就是绿色的；如果收盘价低于开盘价，蜡烛就是红色的。请参看布林竹线图。

市值：上市公司的市场价值，股数乘以最新价。

平行通道：两条平行的趋势线组成的区间。它们可以是上涨的、水平的或下跌的。把两个或多个重要的最高点或最低点连接起来，然后在对面的位置画上平行线就能形成平行通道。也可以在类似回归线的中线上下画平行通道。

画图艺术：亚伯·科恩创立的公司，提供著名的点数图咨询服务。

收盘价：一段时期内最后的价格。请参看最后（新）的价格。

封闭式基金：在交易所交易的共同基金。既可以以市价交易，也可以按照净值打折后的价格交易。

佣金：经纪公司收取的服务费。

确认：市场中价格和指标的一致性。请参看一致性。

密集阶段：上涨或下跌后价格在狭窄的震荡区间交易的阶段，也就是没有趋势的阶段。请参看轴点（交易法）。

整固：大行情之后的暂停休息。也叫轴点，因为在整固期间强势股票的相对强弱线会变平，甚至下跌。

相反观点：汉弗莱·尼尔发明的理论，建议你要和市场大众反向做。也就是说，如果大家都看涨，你应该看跌；如果大家都看跌，你应该看涨。在极端行情出现的时候，这个投资方法是有用的。

收敛：趋势线重合或交叉的状况——包括现在或即将发生的重合或交叉。请参看发散。

科波克曲线：是著名的投资报告《趋势》的发行人E·S·C·科波克开发的加权均线技术。最初的科波克曲线使用月度数据。科波克先生在写投资报告的时候，最喜欢说“这个方法太好了，就适合你这样的人”，他是这种写作手法的领军人物。

修正：趋势过程中的逆向波动，但不会打破趋势。

交叉：当均线穿过一个界限，通常是均线时，信号就产生了。

循环：定期重复发生的事件。股市中每4年受到总统竞选影响的循环是最好的例子了。还有波动循环，比如债券市场的19天波动循环。

通货紧缩：价格下跌的时期。通货紧缩的特征就是购买力下降。

背离图：一种显示两条均线差值的图，这两条均线的参数是一大一小。这种图用来衡量动量，是MACD的原型。

制止通货膨胀：通货膨胀后稳定价格的行为。

派发：聪明的投资者和“主力”把证券卖给不太聪明的投资者的过程。在市场顶部容易发生派发行为，因为预期会跌。

分散：趋势线发散的状态。如果符合价格的趋势线在上涨，且符合震荡指标的趋势线在下跌，那么这两条线无论在将来走得多么远，它们都不会交叉，所以说它们是分散的。如果这两条线的意义也是一样的，那么结果就是预测会下跌。请参看收敛。

下跌幅度： 预期价格的最大下跌。通常用在风险回报评估方面。请参看上涨幅度。

下跌趋势： 价格慢慢下跌的状态，通常用平行通道来区分。如果下跌刚开始，下跌趋势也叫熊市。

双底： 一种底部形态，特征是先有一个最低点，然后这个最低点被第二次测试。

双顶： 一种顶部形态，特征是先有一个最高点，然后回调，再去测试这个最高点，结果失败了。

艾略特波浪： R・N・艾略特开发的理论，这个理论认为市场的行为有特定的模式，它包含 5 个基本浪和 3 个修正浪。这些模式是嵌套的，每个浪还可以往下分成更小的浪。这个自我对称的特点和后来的分形理论很相似。艾略特波浪理论和 W・D・江恩的工作都是从内部结构来分析市场。有人认为这些方法是通向财富的关键。实践则证明，这些方法讲起来都很有道理，但对未来帮助不大。

包络线： 价格上下的线，它没有参考均线这样的中心趋势线。请参看通道和平行通道。

等量图： 一种画图方法，用这种方法画的图，x 轴不是时间，是成交量。这个方法是埃德温・S・奎恩开发的，现在不如理查德・阿姆斯的阿姆斯指数出名。这个方法和传统的画图方法不同，可以看见一些深度的东西。但我并不推荐你使用这个工具，等量图在其他方法实在搞不懂的前提下能提供帮助。

指数移动平均线（缩写是 EMA）： 一种加权移动平均线，根据几何曲线降低前面的权重。指数移动平均线的公式很复杂，但可以用简化的方法，这样它就变得非常流行了。

斐波那契： 一位意大利著名的数学家，他发现了黄金分割比可以应用到生活中的很多方面。这个发现来自数列，其中每个连续数字是前面两个数字的和。从1开始，分别是1，1，2，3，5，8，13，21，34，55，89，144……比如144/89＝1.618，89/144＝0.618。很多人认为这些比率反映了市场的内部顺序。

过滤器：平滑粗糙数据以帮助分析的数学工具。我最喜欢百分比过滤器，它会消除特定等级的波动。请参看亚瑟·美林的《过滤波浪》(参考书目)。

5点模式：用数学过滤器给价格分类的方法。一共有32种可能的5点模式：16种M模式和16种W模式。

基金：一个实体，很多投资者把钱投进来以完成共同的目标。

基本面分析：根据内在的事实以预测证券未来价格的分析方法。比如，一个分析人员分析了一个公司的成长率，他认为证券很便宜，因此应该买入。基本派认为他们的分析是对的，如果市价变了，那么市场就错了，于是就创造了机会。技术派则认为市场是对的。

基本面指标：现金流、账面价值、销售情况、收入等对公司或经济做的估值。传统的财务方法都算基本面指标，但如今不太好用。

期货：规定持有者在特定的日期以特定的价格买入或交割商品的合约。通常期货合约要求交保证金。

W·D·江恩：一个用研究市场内部顺序的方法做投资的先驱。江恩的跟随者认为市场内部有秘密，如果找到了这个秘密就可以致富。请参看艾略特波浪理论。

缺口：价格突然变化导致价格不连续，通常是收盘后出现的消息导致的。技术派普遍认为缺口包含了重要的信息。

集团力量：一个咨询服务公司，网址是www.Bollinger Bands.com，他们也发电子邮件提供趋势分析服务。

板块：做相同或类似生意的公司。合理板块则是这些公司不但生意相似，且交易模式相似。

成长型基金：专业投资于成长型股票的共同基金。

成长型股票：股票有前途，并非指公司的现状如何，特指预期股票在未来会高增长。成长型股票的公司一般很少分红，或不分红，因此传统的分析技术不好分析。有时候公司在没有估值体系的前提下上涨，这就是互联网股票疯狂的原因。

埃德·哈特：他是金融新闻网上伟大的评论员。他以尖刻和有趣的说法而出名，比如“压缩”，“行情报价机很紧张”，“寡妇和孤儿都在做空美元”。

头肩模式：一种技术图表形态，它包含了3个部分，由颈线来描述。大部分形态出现在顶部，在底部也会出现。

对冲：组合持有两种或多种证券，这样它们之间的风险能互相抵消。对冲的目标是把两种证券组合起来，以形成一种交易策略或仓位。

对冲基金：一种特殊的共同基金，它同时持有多头仓位和空头仓位，有时候会使用杠杆。对冲基金一般都有国际色彩。

最高价：一段时期内被记录的最高价。

柱状图：一种图表，里面有垂直的线，代表了从底部——通常是0——到顶部的值。这是一种流行的画图指标。

热线：根据最新的市场状况提供投资建议的服务。最开始是通过电话服务，后来是通过传真，现在则通过电子邮件。

指数：按照一定的基数——一般是100——制订的数列。它可以被用来衡量股票的业绩、通货膨胀或外汇价值。

工业板块分析：一种分析方法，这种方法认为同一板块的公司有相似的生意模式。很多研究表明工业板块和市场分类都是获得投资组合回报的重要因素。请参看集团力量。

工业板块：具有相似生意模式的股票组合。请参看合理板块。

通货膨胀：购买力长期下降的趋势——一般按照单位购买力计算。2%的通货膨胀意味着今年用1美元能买到的东西，到了明年要用1.02美元才能买到。

中期：包含了中等波动的时间框架。大牛市或大熊市中的修正，或单独行情就是比较好的例子。根据投资者的不同，这个时间框架可以有所调整。

日内强度：一个根据收盘价收在波动区间相对位置的行为描述资金

流的成交量指标，是大卫·伯斯坦开发的。公式是：（2×收盘价－最高价－最低价）/（最高价－最低价）×成交量。

日本成交量：请参看累积派发指标。

最新价：无论一段时期是否结束，一段时期内最新的价格。请参看收盘价。

长期期权（LEAPS）：长期的期权。这些期权对波动性的预期更敏感。有些人不懂长期期权，结果还去买，他们最容易产生抱怨。

线图：一种图表，点数用线来连接。如果要显示很多数据，或这些数据的特点就是点状，那么这个方法很有用。

流动性：简而言之，交易的能力。流动性越大，越容易交易。比如，房地产就算不上有流动性，因为完成一笔交易至少需要半年时间。另一方面，成交量大的股票相对流动性就好——在几秒钟之内就能完成交易。流动性越低，交易的成本越高。

对数比例度量：一种画图度量模式，它在图表上的 y 轴描述的是相同的变化百分比，而不是点数变化值——长期图特别有用。请参看等差度量。

做多：持有证券的状态，与做空相反。

长期：市场的主要趋势，通常是几年。对我来说是半年或更久。对于希望资本增值的人来说，是 1 年或更久。根据投资者的爱好不同，这个可以调整的。

最低价：一定时期内被记录的最低价。

麦克莱伦震荡指标：一个宽度震荡指标，它可以计算任何市场的上涨家数和下跌家数——通常是计算纽约证券交易所的股票的。请参看宽度。

均值：数据列的平均值。

中值：数据列的中点。

模型：数据列中最常见的元素。

动量：一段时期内价格的变化，通常用点或百分比表示。最流行最有用的动量就是计算纽约证券交易所今天的价值减去过去 12 天的价值。在物理学中，它是一个导数。请参看变化率。

货币指标：像美联储利率或货币供给成长率这样反映货币环境的数据列。

资金流：资金流是最被滥用的术语。为了把事情讲明白，我列出了3种定义。请参看资金流1、资金流2和资金流3。

资金流1：任何计算证券价格波动和成交量的指标。请参看累积派发、日内强度、资金流、平衡交易量指标和正交易量指数。

资金流2（资金流量指数）：对韦尔斯·韦尔德的相对强弱指数进行成交量加权的版本。很有用。

资金流3：最先由唐·沃登开发的，也叫跳动成交量。它能用数学估算交易的价格和成交量的波动。目前用得比较好的人有山姆·黑尔和拉兹罗·伯英尼。

均线：计算一个品种在一段时期内的平均价格（均值）的方法，每次都用最新的数据进行计算。

MACD：杰拉尔德·艾派勒开发的指标，它比较一条参数小的均线和一条参数大的均线的差值。请参看成交量加权的MACD。

M顶：典型的图表形态，它显示有两个顶在一起，形成了大写的M。通常会形成3个顶，是最常见的顶部反转模式。

一致性陷阱：一个陷阱，多个指标似乎在互相确认，但实际上不是的，因为它们在重复使用相同的信息。典型的例子就是使用不同的动量指标。

共同基金：一种投资工具，很多投资者为了共同的目标一起投资进来。

负成交量指数（缩写是NVI）：一个指标，它的理论基础是，当成交量下跌时，重要的价格变化就会发生。你要么选择负成交量指数，要么选择正成交量指数（缩写是PVI），不要同时选择两个。我建议选择正成交量指数。请参看正成交量指数。

净值看多：是一种心理指标，来自《投资者情报》的调查，在调查中，把看多的百分比减去看跌的百分比。这是一种最好的评估市场情绪的方法。

未确认：价格波动了，但指标没有回应的状态。大多是趋势反转的预警。

正态分布：事物像钟形曲线一样分布的倾向。

标准市值：所有公司的市值按照百分比的排列。100 是最大的，0 是最小的。

标准化的指标：用数学变形的方法，比如随机指标、%b、公因数调整并标准化的指标。

平衡成交量指标：乔·格兰威尔推广的成交量指标，用来观察日内变化。它是时间成交量的累计值。

开盘价：一段时期内的第一笔交易的价格。

开放的阿姆斯指数：这个版本的阿姆斯指数来自元素的均值，而不是来自指数的均值。10 天开放的阿姆斯指数在值为 1.10～1.20 区间给出买入信号，是有用的市场时机工具。也可以采用 1 天阿姆斯指数的反对数来得到相同的结果。请参看阿姆斯指数。

开放式基金：一种可以以净值买卖的共同基金。

期权：在一定时期内有权利，但并非义务，去买卖特定的证券或指数的金融合约。看涨期权给你买入的权利，看跌期权给你卖出的权利。

震荡指标（oscillator）：在特定的值——通常是 0——上下震荡，或在两个值之间上下震荡的指标。它和自由指标不同，自由指标可以随意地上涨下跌。很多指标同时具有两种特性。

超买：价格涨得太高、太远的状态。在过去，这个词意味着猛涨到头。

超卖：超买的反面。

配套品种：使用具有相反性质的证券——通常是对冲基金策略。

% b：根据最新的数据点和布林通道的关系而定义的指标。%b 为 1，价格在上通道；%b 为 0.5，价格在中通道；%b 为 0，价格在下通道。公式是：（最新价－下通道）/（上通道－下通道）。

持续性：在过去 n 天内指标保持正数的天数的百分比。通常和日内强度指标一起使用，在过去半年内资金流是正数。

轴点：强势股票的相对强弱线走弱的整固期，随后又有一个趋势。另外，力量转换后会有回调信号。

点数图：只记录价格变动，不显示时间的一种图表。请参看布林格子。

点数摆动：点数原则描述的波动方向。点数反转的方向。

正成交量指数：一个指标，它的理论基础是，如果成交量增加，那么很重要。它是成交量增加日子里价格变化的累计值。请参看负成交量指数。

力量转换：如果探测到在超买或超卖状态下的力量要打破趋势了，就会出现的一个技术信号（请参看 www.EquityTrader.com）。

价格过滤器：一个减少短期噪音以确认模式的数学工具。

心理或情绪指标：研究市场参与者态度和感受的数据。调查投资者看涨或看跌的调查报告就是典型的例子。最著名的是《投资者情报》上面的调查报告。在市场走向极端情况时，这些指标是可以反着用的。

回调：价格逆着主趋势波动，但并没有打破主趋势。

看跌看涨比率：玛丽·茨威格贡献的一个情绪指标，来自期权。

看跌期权：给你权利，但并非义务在特定时刻以特定价格卖出一个证券的期权。请参看看涨期权。

金字塔：一种股市等级制度——股票在最底层，上面是板块，再上面是分类，最上面是市场。目前集团力量公司把 3700 只股票分成 150 个板块，13 类，1 个市场。

变化率：以百分比表示的价格在一段时期内的变化。比如，纽约证券交易所指数的 12 天变化率是非常好的超买超卖指标。它使用了我的市场模型。请参看动量。

理性分析：同时使用技术分析和基本面分析。

合理板块：具有相同的生意特征和相似交易模式的股票组合，是集团力量公司分类的基础。

回调：请参看修正。

相对强弱：一个品种对指数或一篮子品种的关系。简单说，相对强弱线就是标准普尔 500 的价格除以股票的价格。比较复杂的情况就是比较一只股票在一段时期内价格的波动和其他股票的波动。

相对强弱指数（缩写是 RSI）：韦尔斯·韦尔德创造的一个指标。比较一只股票在上涨的日子里和下跌的日子里的波动。也就是比较强度和弱度。请参看资金流 2。

阻力区：图表上的一个区域，比现在的价格高，以前发生过交易。一般人认为当价格涨到那个区域时，以前买入的投资者就会卖出，所以涨不上去。

回调：逆着主趋势的小波动。主趋势的一段反向波动。关键的回调点位是主趋势的 1/3、1/2 和 2/3 处。很多人用黄金分割点计算回调的目标。

调整后的风险回报：如果负贝塔大于 1，那么就是负贝塔除以证券的年度回报。下跌的波动会影响年度回报。

类：有相同经济主体的工业板块。基本材料和科技公司就是一类的。

证券：可以少量买卖的投资品种，比如一股股票、一份商品或一张债券。

在消息出现时卖出：一旦好消息，尤其是万众期待的好消息出来了，此时就是最好的卖出时机，因为有人一定会兑现利润。好消息出来了，就没有把股票推高的动力了。场内交易者说："在谣言出现时买入，在好消息出现时卖出。"

设置：把各种能实现成功的高概率因素组合在一起。比如，价格碰到了通道，同时指标未确认或是 W 底。

做空：做空一个证券的状态。先卖后买的行为，也就是赌价格会跌。场内交易者笑着说："卖出自己没有的东西的人，要么再买回来，要么去坐牢。"

回补：平掉做空的仓位。做空的交易者为了急于平仓，会不惜代价地在高位平仓，这样就会导致价格突然升高。

空头仓位：空头持有的数量。

短期：中期内的价格波动的时间框架。对中期上涨趋势的修正就是短期的下跌。我认为是 1～10 天。如果考虑到税收问题，则是不到 1 年。

观望点：一个很舒服的地方，只用看，不必参与。比如，在行情变化或震荡的时候就持币观望。场内交易者喜欢这么说。

简单移动平均线：最常见的移动平均线。每个点的权重是一样的。和趋势线一样，是最基本的技术工具。

滑点：你想要的价格和实际成交价格之间的差距。滑点很容易拖累一个人的业绩。请参看交易成本。

尖顶：突出的顶部，特点是先猛涨，然后在没有任何征兆的情况下突然快速地下跌。

平方根原则（缩写是 SRR）：佛瑞德·麦考利提出的原则，他认为，当市场波动时，股票价格波动的点数的平方根决定波动的幅度。这意味着低价股的波动性比高价股厉害。

标准偏差：一个数学计算方法，它计算和均值的偏离值 σ。这是布林通道的基础。

震荡指标（stochastic）：计算在之前 n 天的波动范围中现在价格所在的百分比。参数为 10 的震荡指标的值为 70，说明价格在最低点到最高点 70%的地方。

股票：公司的一份拥有权，可以在证券交易所交易。场内交易者说不要把股票和公司混淆了。

固执（愚蠢）：能全身而出的时候就要全身而出的概念。存了很多钱，却进行了一笔亏钱的交易，还指望能赚钱，这就是固执。

支撑区：下跌停止并反转的区域。支撑区常常和价值认知有关。相反的则是阻力区。

技术分析：一种分析方法，它认为价格在任何时刻都反映了市场。因此，价格本身就是预测未来价格的最好资源。

技术指标：用包含价格、成交量或其他因素的数学方法来帮忙做交易决定。重点是关注供应和需求。

收缩：一段波动性低的阶段，最终会导致高波动性。如果半年的波动性保持低位，这就是收缩的预兆。

波动成交量：一天或任意时期内价格的变化。

时间框架：时间框架一般指你交易的时间水平，也就是中线时间框架。对我来说，基本上是 20 天。中线就意味着还有两个时间框架：短线和长线。短线时间框架是你进行交易。长线时间框架则提供了一个市场背景。老技术派认为短线就是日线图，中线就是周线图，长线就是月线图。现在的交易者则认为 5 分钟图是短线，30 分钟图是中线。你的爱好不同，对时间框架的选择也不同。不管你选择哪个时间框架，你要记得把它和你的中线计划结合起来。

顶部：在图表上引起重要下跌的区域。通常是最近创出的最高点。

交易通道：围绕价格上下的区间，它提供了一个相对的结构，让你分析价格或指标。

场内交易者说（的幽默）：聪明的、但带有讽刺意味的、解读市场事实的、虚构的、聪明的、辛辣的幽默。

交易区间：一段时期以来交易所形成的价格区间。通常就是横盘。交易区间可以是整固模式，然后会有大行情。也可以是反转区间，这样它们就是底部或顶部。交易区间使用的技术和趋势市场是不同的。比如，像相对强弱指数这样的震荡指标就很容易确认顶部或底部交易区间的反转，但如果市场是有趋势的，它就没用了。在有趋势的市场，像均线或回归通道这样的趋势跟踪方法就很有用。

交易成本：交易的成本—— 一般是滑点亏损和佣金。

陷阱：一些情况和价格波动让一个人持有了错误的仓位。多头陷阱就是价格突然向上突破，你以为价格还会涨，结果它又快速下跌了。空头陷阱则相反，价格跌到了新低，然后又强势上涨。

趋势：所关注品种的总体方向。

趋势线：图表上画的线，用来决定品种的趋势。一般是连接重要的最高点和最低点。

三角形：一种密集模式，波动性在其中越来越小。

TRIN：请参看阿姆斯指数。

典型的价格：计算一段时期内均值的方法。能提供比收盘价更好的特征。公式是（最高价＋最低价＋收盘价）/3 或（开盘价＋最高价＋最低价＋收盘价）/4。

上涨幅度：价格最大的涨幅，通常用来评估风险回报比。请参看下跌幅度。

上涨趋势：一段时期内价格慢慢地上涨。

速度：价格变化的速率。在反转到来前，被用来识别趋势的变化。

请参看变化率。

VIX： 芝加哥交易所期权波动指数。用它来探测恐慌性的底部很有用。

波动性： 价格变化的倾向。衡量波动性的方法很多。其中标准偏差是最流行的。

波动性突破系统： 当波动超过了一定水平就交易的交易系统。最有趣的就是要从波动性最低的地方开始。

成交量： 在一定时期内交易的笔数或数量。

成交量指标： 结合成交量研究供应和需求平衡的技术指标。

成交量价格趋势指标： 大卫·马克斯坦开发的，使用百分比的能量潮指标的变形指标。

成交量加权的 MACD： 巴弗·多米亚开发的，用成交量加权取代了指数均线的 MACD。

洗盘（washout）： 一种卖出行为，彻底失去了兴趣，放弃希望了。通常是上涨前在底部的第一阶段。

W底： 最典型的底部形态。先是一个最低点，然后是反弹，然后再测试前面的最低点。通常是大写的 W 形态。

楔形： 一种整固模式。上涨的底部和下跌的顶部更能体现它的特征。

加权移动平均线： 在计算平均线的时候，每天的权重不一样。最典型的版本是每天的权重比前一天大的加权移动平均线。

洗盘（whipsaw）： 先是卖，然后立刻又买；或先是买，然后立刻又卖。考虑到交易成本，这么做是昂贵的。

理查德·D·威科夫： 20 世纪 20 年代初的一位技术派人士，他的工作在现在都很出名。

收益曲线： 描述收益率和到期日之间关系的图表，短期收益在左边，长期收益在右边。通常描述的是国债。正常情况下，短期收益应该比长期收益低。因此，曲线从左向右的上涨是有个坡度的。

锯齿形： 价格先上涨，又下跌的模式。

参考书目

Bollinger，John，Volume Indicators，Bollinger Capital，2000.

Burke，Michael，The All New Guide to the Three－Point Reversal Method of Point & Figure Construction and Formulas，ChartCraft，New Rochelle，N. Y.，1990.

Cahen，Philippe，Analyse Technique Dynami que，Economica，1999.

Crane，Burton，The Sophisticated Investor，Simon and Schuster，New York，1959.

deVilliers，Victor，The Point and Figure Method of Anticipating Common Stock Price Movements，1933，reprinted Windsor Books，New York.

Douglas，.Mark，The Disciplined Trader，New York Institute of Finance，New York，1990.

Drew，Garfield A.，New Methods for Profit in the Stock Market，1955，reprinted by Fraser Publishing，Burlington，Vt.

Edwards，Robert D.，John Magee，Technical Analysis of Stock Trends，5th ed.，John Magee，Inc.，Boston，Mass.，1966.

The Encyclopedia of Stock Market Techniques，Investors Intelligence，New Rochelle，N. Y.，1985.

Fosback，Norman G.，Stock Market Logic，The Institute for Econometric Research，Fort Lauderdale，Fla.，1990.

Holmes，Oliver Wendell，The Common Law，1881，reprinted by Dover Publications，Boston，Mass.，1991.

Hurst，J. M.，The Profit Magic of Stock Transaction Timing，1970，reprinted by Traders Press, Greenville, S. C Kachigan, Sam Kash, Statistical Analysis, Radius Press, New York, 1982.

Keltner, Chester W., How to Make Money in Commodities, The Keltner Statistical Service, Kansas City, Mo., 1960.

Levy, Robert, The Predictive Significance of Five — Point Chart Patterns, The Journal of Business, 1971.

Mandlebrot, Benoit B., Fractal Geometry of Nature, Freeman, 1988.

Merrill, Arthur A., Behavior of Prices on Wall Street, Analysis Press, Chappaqua, N. Y., 1984.

——, Filtered Waves, Basic Theory, 3rd ed., Analysis Press, Chappaqua, N. Y., 1977.

——, M&W Wave Patterns, 3rd ed., Analysis Press, Chappaqua, N. Y., 1983.

Schabacker, Richard W., Technical Analysis and Stock Market Profits, 1932, reprinted by Pitman, London, England, 1997.

Schmidt, W. C, Peerless Stock Market Timing, San EHego, Calif., 1982.

Shimizu, Seiki, The Japanese Book of Charts, Tokyo Futures Trading Publishing, Tokyo, 1986.

Stutely, Richard, The Economist Number Guide, John Wiley & Sons, New York, 1998.

Weiss, Geraldine, and Janet Lowe, Dividends Don' t Lie, Longman, Chicago, 111., 1989.

Wheelan, Alexander H., Study Helps in Point and Figure Technique, Morgan, Rogers, and Roberts, 1947, reprinted by Fraser Publishing, Burlington, Vt., 1989.

White, Michael, John Gribbin, Einstein: A Life in Science, Dutton Books, New York, 1994.

Wilder, J. Welles Jr., New Concepts in Technical Trading St/stems, Trend Research, Greensboro, S. C., 1978.

Yates, James, The Options Strategy Spectrum, Dow Jones — Irwin, Homewood, 111., 1987.